자본주의의 **역사**로 본

# 경제학이야기

# 자본주의의 역사로 본
# 경제학 이야기

지은이 · 안현효 | 일러스트 · 신동민 | 펴낸이 · 김현태 | 펴낸곳 · 책세상 | 초판 1쇄 펴낸날 2010년 2월 25일 |
초판 6쇄 펴낸날 2022년 10월 10일 | 등록 1975년 5월 21일 제2017-000226호 | 주소 · 서울시 마포구 잔다리로 62-1, 3층 (04031)
전화 영업 · 02-704-1251 | 팩스 · 02-719-1258 | 이메일 · editor@chaeksesang.com
광고 · 제휴 문의 · creator@chaeksesang.com | 홈페이지 · chaeksesang.com | 페이스북 · /chaeksesang
트위터 · @chaeksesang | 인스타그램 · @chaeksesang | 네이버포스트 · bkworldpub
ISBN 978-89-7013-752-0  03000

# 자본 주의의 역사로 본 경제학 이야기

안현효 지음 | 신동민 그림

책세상

자본주의 역사로 본
**경제학**이야기

## 제4장 자본주의의 황금기 146

## 경제학은 무엇이어야 하는가

    우리나라는 1997년 국제통화기금, 즉 IMF라는 국제금융기구에서 돈을 빌려 외환위기를 수습했다. 10여 년이 지난 2008년에는 미국에서 시작된 글로벌 금융위기의 파장이 실물경제로 파급되면서 경제학에 대한 관심이 다시 높아졌다. 그래서인지 우리가 사는 시장경제 또는 자본주의경제에서의 금융 현상에 대한 글과 책들이 쏟아지고, 경제가 어떻게 작동하는가에 대한 관심도 증대하고 있다. 인터넷 논객 미네르바처럼 경제학을 전문적으로 공부하지는 않았지만, 경제학 전공자들보다 더 대중에게 다가서는 글쓰기로 대중의 경제 이해에 대한 갈증을 채워주는 사람이 등장하기도 했다.

    그런데 경제학에 관심이 있거나 경제학을 처음 배우는 사람

미네르바는 그리스 신화의 지혜의 여신이다. 일찍이 헤겔은 "미네르바의 부엉이는 황혼이 깃들 무렵에야 비로소 울기 시작한다"고 하여, 진리는 실제 사태의 흥분 이후 등장하여 이를 성찰하는 것이라고 갈파했다. 2008년 금융위기가 한창일 때 한국 정부는 미네르바라는 아이디를 쓴 인터넷 논객을 구속했다. 이 사건은 언론출판결사의 자유, 즉 정치적 자유에 관한 한국 정부의 후진성을 보여준 사건이면서, 동시에 경제학을 직업으로 삼는 사람들에게 현실에 더 관심을 갖고 더 노력할 것을 촉구하는 역사적 의미가 있다.

2007년 금융위기로 영국 최대의 주택담보대출 은행인 노던 록이 파산 위기에 처하자 사람들이 예금 인출을 위해 몰려들었다

들이 흔히 저지르는 실수가 있다. 요즘처럼 경제현상에 대한 관심이 지대할 때, 경제학을 공부하겠다며 서점에서 《경제원론 *Principles of Economics*》이라는 교과서 류의 책이나, 이를 쉽게 풀어썼다고 하는 책들을 집어 드는 것이다. 하지만 대학에서 가르치는 경제학인 《경제원론》은 쉬운 책이 아니다. 몇 페이지만 읽어봐도 그래프와 수식으로 인해 골치가 아파진다. 이러한 내용을 쉽게 풀어 쓴 책도 사정은 마찬가지다. 그래프와 수식만 없다 뿐이지, 그것을 말로 풀어쓴 것이기 때문이다.

　나 또한 십여 년 넘게 대학에서 《경제원론》을 가르쳐왔지만, 그 내용을 쉽게 이해하는 학생은 거의 없었다. 예를 하나 들어보자. 《경제원론》에서 사용되는 용어 중 '투자investment'라는 것이 있다. 대부분의 사람들은 이 용어에서 재테크나 부동산 투자를 떠올릴 것이다. 하지만 경제학에서 말하는 투자는 기업이 생산을 늘리기 위해 기계를 구입하는 행위 등을 가리킨다. 보통사람들에게 투자는 자금의 공급이지만 경제학에서는 정확히 반대, 즉 자금의 수요로 파악하는 것이다. 이러한 것들이 일반 독자가 경제학을 어렵게 여기는 이유이다. 그렇다면 경제학이란 과연 무엇인가?

경제학은 애덤 스미스Adam Smith의 《국부론The Wealth of Nations》이 출간된 1776년을 그 기원으로 본다. 그리고 《경제원론》은 250년 가까이 되는 경제학의 역사를 현재 시점에서 요약하고 있는 책이다. 그러나 어떻게 그 많은 경제학의 역사를 하나의 이론체계 내에 녹여낼 수 있겠는가? 그리하여 《경제원론》은 경제 변수들 간의 연관관계를 중심으로 분석적으로 살펴본다. 그러다 보니 경제현상에 대한 정확한 이해는 고사하고 경제학에 나오는 개념들이 어떤 맥락에서 나왔는지도 이해할 수 없는 경우가 많았다.

내 의견에 찬성하지 않는 경제학자들이 있을지도 모르지만, 나는 《경제원론》을 공부하기 전에 경제학의 역사부터 공부해야 한다고 생각한다. 경제학의 '역사'라고 하면 따분하게 생각할 수도 있으나, 옛날이야기라고 생각하면 간단하다. 우리가 위대한 경제학자라고 알고 있는 사람들은 경제 변수들 간의 상관관계라는 분석적인 것에만 관심을 둔 것이 아니라, 경제 현상을 바라보는 새로운 관점을 제시한 경우가 많았다. 특히 지금과 같이 경제는 성장하는데도 양극화는 심화되는 이상한 시기에는 그러한 새로운 관점이 더 흥미롭게 다가올 것이다.

《경제원론》에서는 경제학을 양적으로 측정 가능한 변수를 중심으로 이해한다. 예를 들어 매년 한 사회에서 일어나는 생산의 증대를 경제성장이라고 하는데, 이를 측정하기 위해 국내총생산GDP이라는 것을 매년 측정함으로써 경제성장률을 계산하며, 이를 통해 한 사회의 경제가 얼마나 빨리 팽창하는지를 보여주려고 한다. 이 점이 경제학에 대한 일반인의 생각과 실제로 대학에서 가르치는 경제학이 다른 근본적 이유다. 즉 양적으로 측정할 수 없는 경제현상은 이른바 《경제원론》의 대상이 아니며, 양적으로 측정 가능한 변수들은 수학적으로 서술되어 일반인이 이해하기 어려워지는 것이다.

이러한 목적에서 공부하는 경제학의 역사가 분석적일 필요는 없다. 이러저러한 경제이론과 경제사상이 어떤 조건하에서, 왜 나타나게 되었는지를 아는 것이 더 중요하다. 경제학이라고 해서 꼭 분석적일 필요는 없다고 생각한다.

분석적이지 않고 직관적이면 경제학이 안 되는가? 이 질문은 사회과학의 방법론과 일정한 관련이 있다. 경제학은 사회과학 내의 한 학문 분과discipline로 인정받기 위해 고유의 탐구 및 서술 방법을 개발했던 것이다.

미국의 유명한 사회학자인 월러스틴Immanuel Wallerstein은 사회과학을 가로등 밑에서 열쇠를 찾는 사람에 비유한다. 열쇠를 잃어버렸다면 열쇠를 잃어버린 곳이 어디인가를 묻는 것이 순리인데, 사회과학자들은 내가 찾아볼 수 있는 곳이 어디인가를 먼저 묻는다는 것이다. 독자들은 사회과학이 사회문제를 이해하게 해주고, 그 문제에 해답을 찾아줄 것으로 기대한다. 하지만 실상 사회과학은 자기가 풀고 싶고 풀 수 있는 문제에만 해답을 주려고 한다는 것을 빗댄 것이다.

경제학에서도 '실물경제에는 문외한인 경제학자' 이야기가 유명하다. 유명한 경제학자가 실물경제에서 실패를 맛본 일화도 무수히 많다. 금융시장과 경제공황에 관해 케인스John Maynard Keynes와 함께 당대의 가장 뛰어난 경제학자 중 한 사람으로 꼽혔던 어빙 피셔Irving Fisher의 사례가 유명하다. 그는 대공황 직전인 1929년, 주가가 더 상승할 것이라 예측하여 자신의 재산은 물론 자신이 재무처장으로 있던 예일대학의 재산까지 모두 주식에 투자했다가 크게 손해를 보고 자신의 명예에도 치명타를 입었다. 하지만 이것이 학문의 한계인 것을 어쩌랴. 다만 이 이야기는 경제학이 모든 경제문제에 대해 대답을 해야 한다기보다는, 스스로의 한계를 인정하고 겸손할 필요가 있다는 교훈을 주는 것이겠다.

일단 이러한 겸손(!)을 전제하고, '경제학이 무엇인가'라는 문제를 생각해보자. 이런 관점에서의 경제학은 자신의 고유한 관심사를 가진다. 여기서 우리는 경제학이 단수가 아니라 복수(=경제학들)라는 것을 알게 된다. 복수의 경제학이라고 하는 것은 각 경제학들이 각자의 다양한 문제의식을 가지고 문제의 해법을 제시한다는 뜻이다. 그러니 당연히 경제학끼리 치열한 경쟁이 있지 않을까? 그 다양한 경제학 각각을 우리는 경제학파라고 부른다.

하지만 무수한 경제학파 중에서 실제로 영향력이 있는 경제학은 몇 개로 간추려진다. 이처럼 사회에서 영향력이 있고 주류로 인정받는 경제학이 《경제원론》에서 배우는 경제학으로, '현대 주류경제학modern mainstream economics'이라고 불린다. 주류로 인정받는다는 것은, 직업적 경제학자들의 다수가 그 방법론을 이용한다는 뜻이다.

그렇다면 주류로 인정받지 못하는 경제학에는 어떤 것이 있을까? 주류가 아닌 비(非)주류경제학 중에서 가장 영향력이 있는 경제학은 마르크스경제학이다. 마르크스경제학은 학계에서는 크게 인정받지 못하지만, 사회운동에서 실제적 수요가 많다. 연구의 방법론이나 서술 방식이 철저히 사회운동의 입장에서 현대 자본주의를 이해하기 때문이다. 반면 정부 관료에게는 정부 정책의 정

당성을 논증하거나 정부 정책이 어떻게 실제적으로 운영될 수 있을까에 대해 설명해주는 경제학이 필요할 것이다. 제도학파 경제학이나 중상주의 경제학 등이 그런 수요에 적합한 경제학이라 할 수 있다.

이처럼 주류경제학, 마르크스경제학, 중상주의 경제학 등 경제학파들은 서로 대결하는 듯이 보인다. 하지만 다양한 경제학파들이 서로 뚝 떨어져 발전한 것은 아니다. 이들 경제학파들의 특징과 대립 및 상호관계는 앞으로 본문에서 자세히 살펴보도록 하고, 여기서는 경제학이 무엇인가에 대해 좀 더 살펴보도록 하자. 먼저 앞에서 언급한 경제학파들이 경제학을 어떻게 정의 내렸는지 살펴보자.

현대 주류경제학은 경제학을 다음과 같이 정의한다.

경제학은 희소성의 과학이다.

이는 '미시경제학micro economics'이라 불리는 경제학에서 특별히 관심을 가진 주제다. 이 외에도 주류경제학이 하나 더 있다. 주류경제학을 비판하면서 등장하였지만, 후대의 경제학자들이 주류경제학에 포함시켜 '거시경제학macro economics'으로 배우는 케인스 경제학이다. 케인스 경제학은 경제학을 이렇게 정의한다.

경제학은 거시경제정책이라는 실무적 목적에 봉사해야 한다.

반면 비주류경제학은 아래와 같이 다양한 관심사를 표출한다.

| 고전파경제학 | 국부의 원천과 총생산(총소득)의 계급 간 분할. |
|---|---|
| 마르크스경제학 | 가격의 원천으로서의 노동가치에 입각한 노동과 자본 간의 갈등관계. |
| 제도학파 경제학 | 경제법칙의 결정원리로서 제도의 중요성. |
| 환경 경제학 | 자연환경(에너지)과 경제(문명)의 관계를 탐구하는 경제학. |

이와 관련해 '경제학이란 어떠해야 하는가'라는 질문에 하일브로너Robert Heilbroner만큼 잘 대답한 사람이 없는 것 같다. 그는 경제학자를 '세속의 철학자들'이라고 부른다. 마치 신학자가 신의 세상의 질서를 이해하려는 학자이고 철학자가 세상의 질서와 의미, 작동원리를 이해하려는 학자인 것과 같이 경제학자는 세속의 철학자로서 세속, 즉 경제 질서의 의미와 작동원리를 이해하려고 한다는 것이다.

하일브로너, 《세속의 철학자들The Worldly Philosophers》, 장상환 옮김(이마고, 2008).

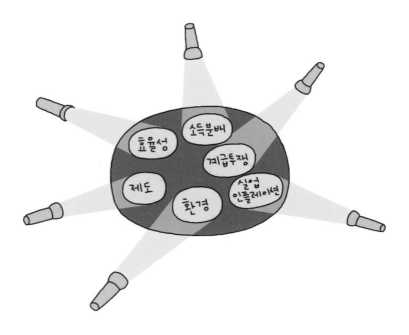

　대립하는 다양한 경제학의 목적, 즉 각각의 경제학의 '손전등'
이 비추는 곳은 다르지만, 그들 모두 바로 우리 사회 세속적 문제
들의 원리를 이해하고자 한다는 점에서 공통점을 가진다.

　때문에 경제학의 이론도 중요하지만, 그 경제학의 손전등과 메
시지가 굉장히 중요하다. 이를 우리는 경제사상이라 부른다. 이러
한 경제학의 생각 방식, 즉 경제사상은 어떤 역할을 하는가?

　경제학자와 정치철학자의 사상은 옳건 그르건 일반인들이 생각
하는 것보다 큰 영향을 남긴다. 사실 세계는 그들 이외의 다른 사람
들에 의해서는 별로 지배를 받지 않는다. 자신은 어떠한 지적 영향
도 받지 않았다고 자부하는 현실적인 사람도 실은 이미 사망한 어

띤 경제학자의 정신적 노예에 불과하다. 하늘에서 영감을 얻는다
고 큰소리치는 미친 위정자도 실은 몇 년 전에 어떤 학구적인 삼류
작가에게 얻은 지식으로부터 자신의 광증을 뽑아낸 것이다. 기득권
세력의 힘은 점진적으로 스며드는 사상의 영향에 비해 지나치게 과
장되어 있다고 나는 확신한다.

케인스, 《고용, 이자 및 화폐의 일반이론The General Theory of
Employment, Interest and Money》, 조순 옮김(비봉출판사, 2007)


거시경제학의 창시자로 알려진 케인스는 경제학이 우리의 일
상생활에 더할 나위 없이 큰 영향을 미친다고 생각했다. 경제학
의 관점, 즉 경제사상은 우리가 살아가는 세속의 삶을 이해하고

개선해 나가는 데 있어서 등불의 역할을 한다는 것이다.

사회에 영향력을 가진 정치인이나 여론을 주도하는 경제학자 뿐 아니라 일반 시민들도 알게 모르게, 듣고 보는 경제학적 담론에 지배를 받는다. 이렇듯 알게 모르게 우리를 지배하고 있는 경제학적 사고를 이해하지 않고서, 우리 사회를 제대로 판단할 수 있을까? 매우 다양한 경제학의 사조들이 어떤 맥락에서 출현하고 소멸하였는지를 이해하는 것이 중요한 이유가 바로 이것이다.


## 경제학의 역사를 어떻게 정리할 것인가

그렇다면 경제학의 역사는 어떻게 정리할 수 있을까. 경제학의 역사를 정리하는 방식에는 여러 가지가 있다. 그러나 경제학의 250년 역사를, 그것도 이 한 권의 책 안에서 정리하자면 취사선택을 하지 않을 수 없다. 물론 이는 개별 경제학파의 입장에서 보면 왜곡일 수도 있다.

따라서 본문에 들어가기 앞서 이 책의 정리 방식을 먼저 명확히 해둘 필요가 있다. 이 책은 각 경제학파에 대한 정밀한 정보 전달만을 목적으로 하지 않을 것이다. 이는 사실 한 권의 책에서 하기에는 너무나 광범위하고 어려운 과제다. 그렇다고 경제학자들의 괴팍한 일화를 소개하는 데 주력할 생각도 없다. 그런 것은 이후에 다른 책을 봐도 된다. 이 책은 자본주의의 변동과 그 변동이 야기한 경제학적 질문, 그리고 이에 대한 경제학자들의 대답을 따라가면서 경제학의 역사를 정리하게 될 것이다. 이는 다수의 경제학파를 자본주의의 생성, 성장, 발전, 소멸의 관점에서 일관되게 설명하기 위함이다.

여기서 설명이 필요한 두 개의 개념어가 등장한다. 하나는 '자본주의Capitalism'라는 단어고, 다른 하나는 '생성, 성장, 발전, 소멸'이라는 표현이다.

나 또한 대학에서 경제학을 가르치는 학자이기 때문에, 자본주의라는 단어에서 무수한 논쟁부터 떠올리게 된다. 경제학이 자본주의를 이해하는 학문이라고 정의하는 거냐고? 맞다. 나는 그렇게 생각한다. 하지만 자본주의를 경제학의 연구대상이라고 보더라도 도대체 자본주의가 무엇이고, 그것은 언제부터 시작되었는가 하는 여러 문제들이 남는다. 이는 쉬운 문제가 아니다.

오늘날 현대 주류경제학의 교과서는 자본주의라는 용어를 쓰지 않는다. 대신 '시장경제market economy', 여기서 조금 더 나가면 '혼합경제mixed economy' 정도의 용어를 쓰고 있다.

첫째, 자본주의(資本主義)라는 단어가 '현대사회는 돈이 지배하는 사회'라는 것을 이론적으로 표현한 말이라는 점을 지적하고 싶다. 돈은 영어로 'money'라고 한다. 자본(資本)은 'capital'이다. 돈과 자본의 차이는 뭘까? 크게 봐서는 비슷하지만 돈은 인류사에서 오랜 역사를 가지고 있고, 자본은 그렇게 오랜 역사를 가지고 있지 않다는 차이점이 있다.

학자들은 자본이라는 단어를 통해 여러 가지를 지칭한다.

'자본'이라고 하면 기계류를 떠올리는 학자가 있을 것이다. 또 그냥 돈으로 보는 학자도 있을 것이다. 만약 돈을 더 벌어주는 돈을 자본이라고 한다면 단순한 돈과도 구별할 수 있고, 이 세상이 왜 이렇게 황금만능주의인가 하는 점도 더 잘 이해할 수 있다. 이

렇게 생각하면 자본은 돈이로되, 특수한 돈이다. 단순한 현금은 자본이 아니다. 그냥 현금을 지니고 있는 것 자체가 돈을 더 벌어 주지는 않기 때문이다. 그렇다면 은행에 예금한 돈은? 그것은 아마도 자본이라 부를 수 있을 것이다. 이자라는 형태로 돈이 불어나기 때문이다.

따라서 자본은 단순한 돈이 아니라 <u>스스로 불어나는 돈</u>이라고 할 수 있다. 그렇다면 불어나는 부분의 원천은 어디일까? 그 진앙지는 또 어디일까? 강의할 때, 나는 그 진앙지를 '화산'이라 부른다. 우리가 향유하는 모든 물질적 풍요의 원천 말이다. 그 물질적 풍요를 부(富, wealth)라고 부를 수 있다. 요컨대 오늘날의 대다수 경제학이 주목하는 가장 중요한 주제는 그 용광로에 대한 연구(

화산에서 나오는 부의 생산과 분배)라고 볼 수 있다. 또한 현대 사회는 그 용광로가 지배하는 사회다.

설명이 필요한 두 번째 주제는 자본주의의 생성, 성장, 발전, 소멸이라는 관점으로 우리 사회의 역사를 정리하고 이에 맞추어 경제학자들의 생각을 정리한다는 방식이다. 우리가 살고 있는 사회를 자본주의 사회라고 부를 수 있다고 하자. 그렇다면 그 사회가 생겨서 발전하다가 없어진다고 할 수 있는가? 과연 그것이 학문적으로 증명된 것인가?

경제학을, 자본주의의 역사적 변화에 대한 경제사상가들의 답변으로 정리한다는 방법은 나름 참신하면서도 의미가 있다는 평가를 받을 수 있다. 하지만 여기서 더 나아가 그러한 자본주의의 변동을 생성, 성장, 발전, 소멸의 관점에서 이해한다는 것이 과연 올바른가? 사실 이 문제는 누구도 증명할 수도, 반증할 수도 없는 명제다. 하지만 지금의 우리 사회를 보고 있자니, 우리의 삶이 언젠가는 소멸한다고 해도 그리 무리는 아닌 극한의 상황으로 가고 있는 것 같다.

감상적으로만 말고 논리적으로도 한번 생각해보자. 이 세상에 과연 영원한 것이 있는가. 생명체는 태어나서 언젠가 한 번은 죽지 않는가. 이렇게 우리가 사는 사회를 생명체의 진화처럼 이해할 수 있을까? 많은 사회과학자들이 이 문제로 논쟁했고, 이른바 물리학자와 생물학자의 이해 차이가 여기에 투영되었다.

나는 이 사회를 기계로 보지 않고 생명체로 보는 관점에 동의한다. 그 점을 받아들이고 생각해보자. 한 사회의 탄생이 있다면, 그 사회의 죽음도 있는 것 아닐까? 경제학도 그렇다. 경제학은 원래부터 있었던 학문이 아니고, 시간을 거쳐서 탄생한 학문이다. 그러면 언젠가는 죽지 않겠는가. 과연 우리 사회가 멸망할지, 아니면 영원히 번영할지에 대한 논의는 소위 '미래학Futurology'의 영역에 해당될 것이다. 미래학은 스스로 학문이라고 명명하지만, 아직 사회과학의 한 영역으로 인정받지 못하고 있다. 미래는 누구도 알 수 없는 문제이므로, 맞다 틀리다고 못 박아서 말할 수 없기 때문이다. 이 문제 역시 학자들에게 현실에 대해 좀 더 겸손할 것을 요구하는 것 같다.

이상으로 이 책에서 경제학의 역사를 어떻게 설명할 것인지 간단히 정리해보았다. 이제부터는 위대한 경제학자들의 육성으로 경제학에 대해 알아보자. 이 책을 읽고 '경제학이 어떻게 생겨났고 어떤 관심을 가지고 있으며 또 어떤 문제들에 답해왔는지' 알게 되고 따라서 '앞으로 이러한 경제학을 좀 더 공부하면 되겠구나'라는 생각이 든다면, 그것이 이 책의 가장 큰 보람이라고 생각한다.

# '경제학'이 없었던 시기의 경제학

'경제학'이라는 학문은 1776년 발간된 애덤 스미스의 《국부론》에서부터 시작되었다고 본다. 하지만 《국부론》의 기본 개념은 애덤 스미스가 이전에 펴낸 다른 저서들에도 존재한다. 그 개념은 애덤 스미스가 대학교수를 그만두고 유럽으로 여행을 가서 만난 중농주의 경제학자들과의 교류에서부터 싹튼 것이라고 한다. 이 점을 고려할 때 1776년은 상징적인 해에 불과하다고 할 것이다. 경제학은 그 이전, 즉 중세가 붕괴하고 자본주의가 등장함과 동시에 서서히 태동했다.

## 1. 고대와 중세의 경제학

경제학은 영어로 'Economics'라고 한다. 우리가 쓰는 '경제'라

보스턴 차 사건을 유발하여 미국 독립혁명을 촉발시킨 영국의 재무장관 타운센트Charles Townshend는 양아들을 가르칠 교사로 당시 글래스고 대학의 교수로 있던 애덤 스미스를 지목했다. 연간 500파운드(당시 그의 연봉은 170파운드였다)를 지급하고, 이후에도 평생 연간 500파운드를 지급하겠다는 조건이었다. 1764년 애덤 스미스는 타운센트의 양아들과 함께 프랑스로 건너가 볼테르와 교류하고, 특히 파리에서 프랑수아 케네François Quesnay 등 중농주의 학자와 교류함으로써 《국부론》의 기본 아이디어를 얻었다. 2년여의 유럽 여행 후 애덤 스미스는 자신의 고향 커콜디로 돌아가서 10년 동안 《국부론》의 집필에 전념했다.

는 단어는 '경세제민(經世濟民 : 세상을 관리하고 민중을 구제한다)'이라는 한자어에서 온 말이다. 이 단어는 일본에서 서양의 학문을 수입하면서 처음 사용한 것이다. 당시에는 경제학 외에도 '이재학(理財學)' 등의 단어가 Economics의 번역어로 경쟁하다가 최종적으로 경제학으로 굳어졌다. '경제'는 실제 Economics의 정확한 의미에 들어맞는 번역어라 보기는 어려우나, 경제학이라면 모름지기 이래야 한다는 점을 대체적으로 잘 묘사하고 있는 듯하다. 문제는 경제학이라는 이름으로 사실상 우리가 배우는 것이 서양의 학문이라는 점이다.

나는 강의할 때 우스갯소리로 "경제학이 서양의 학문이라는 것은 경제학을 배워야 하는 여러분에게 비극이라 할 수 있어. 만약 경제학이 우리나라에서 기원했다고 생각해봐. 그러면 Q = f(L, K) 대신에 ㅅ = 함수(ㄴ, ㅈ), 이렇게 배우지 않았을까? 아마 서양 아이들이 'ㄴ은 노동의 약자고, ㅈ은 자본의 약자'라고 배웠겠지"

> 자본을 K(capital)라 하고, 노동을 L(labor)이라 하면, 생산량 Q(Quantity)는 다음과 같이 표현할 수 있다. Q = f(L, K). 여기서 f는 func-tion, 즉 함수의 약자다. Q는 노동 L과 자본 K를 투여했을 때 최대로 생산할 수 있는 생산량이다.

라고 말해준다.

  서양에서도 Economics라는 학문분과는 최근에 생겼을 뿐 아니라, 그 용어도 비교적 최근부터 사용되기 시작했다. 하지만 어원으로만 따지면 이 말은 그리스어 '오이코노미코스oikonomikos'로 거슬러 올라간다. 여기서 oikos는 '가계household'를 뜻하고, nomikos는 '관리management'라는 뜻이므로 오이코노미코스, 즉 경제는 가정관리를 뜻한다. 하지만 그리스 시대의 가정, 가계란 지금과 같은 핵가족 시대의 가정과는 판이하게 달랐다. 그리스 시대는 노예제 사회였다. 따라서 이 시기의 가계는 상당한 수의 노예들이 포함된 대규모 농장이었다. 당연히 농장을 어떻게 효율적으로 관리할 것인가, 노예들이 생산한 생산물을 어떻게 잘 관리하고 보관할 것인가가 중요한 경제 문제였다.

  하지만 오늘날의 경제학은 이러한 의미의 경제학이 아니다. 오늘날 경제학은 근대의 산물인 사회과학의 한 학문분과를 차지하고 있다. 경제주체의 합리적 선택에 관해서라든지(미시경제학), 실업과 인플레이션 같은 시장경제 문제들의 해법(거시경제학)이라든지, 계급으로의 소득 형성과 분할에 관한 문제(고전파경제학) 같은 근대적 문제에 대한 학문이 오늘날의 경제학이다. 특히 현대 주류경제학은 비경제적 요소를 배제하고, 순수하게 경제적 요소와 논리만으로 이론을 구성하였다 하여 순수경제학이라고도 불린다. 비경제적 요소, 즉 정치, 사회적 요소들은 정치학, 사회학의 과제가 되며 이 세 학문이 모여서 사회과학이라는 학문을 구성한다고 설명된다.

그렇다면 근대 이전에는 경제학이라고 할 만한 것이 없었을까? 만약 일반인들이 상식적으로 생각하듯이 경제학이 경제 문제에 대한 학문이라고 한다면, 없었다고 할 수 없다. 다만 근대 이전의 경제학은 분석적인 학문이라기보다는 윤리학에 가까웠다. 이를테면 아리스토텔레스는 근면과 생산은 용인했지만, 상업과 이윤 추구는 용인하지 않았다. 고대의 경제사상에서 우리는 부에 대한 전반적 멸시를 발견할 수 있다.

> 화폐를 벌어들이려는 생활은 충동심에 따른 생활이며, 부는 우리가 추구하는 선이 아니다. 왜냐하면 부는 단지 유용할 뿐이며, 다른 어떤 것을 위한 것이기 때문이다.
> 아리스토텔레스, 《니코마코스 윤리학Ethika Nikomacheia》

또한 중세에 이르기까지 대중에게 이념적으로 가장 강력한 영향을 미친 기독교에서도 부는 멸시의 대상이었다.

서구사회의 합리주의적 사고방식의 기초가 된 것은 고대 그리스의 자연철학이라 할 수 있지만, 감성적인 면에서 서구사회를 지배한 것은 기독교 문화였다. 기독교 문화는 중동의 유대교에서 출발했다. 유대주의 사상을 정리하고 있는 《구약성서》에서는 경제 문제, 즉 생활에 필요한 자원이 불충분하다는 문제를 해결하기 위해 생산을 자극하기보다는 차라리 욕구를 제한하는 방법을 제시했다. 따라서 이자를 받는 것을 부정적으로 여기고, 노예 제도에 반대했으며, 부채는 6년간만 유효하며 7년째는 무효화된다는 선언(이것이 이후 6년 일하고 7년째 쉬는 안식년 제도의 기원이 되었다), 50년마다 토지 소유권이 원래의 소유자로 반환되는 규정 등 경제 활동을 제약하는 많은 율법을 가지고 있었다. 하지만 믿음에 대한 보상으로서의 부에 대해서는 부정적이지 않았으므로 징계 대상으로서의 부(부정한 방법으로 얻은 부)와 신의 명령을 따름으로써 생겨난 부(정당한 부)를 구별했다.

너희가 히브리 남자를 노예로 샀을 경우에는 6년 동안만 일을 시킬 수 있고 7년째가 되는 해에는 몸값을 요구하지 말고 그를 풀어주어야 한다.

〈출애굽기〉21장

너희 가운데 어렵게 사는 내 백성들에게 돈을 빌려 주었거든 누구든지 빚쟁이처럼 굴지 말며 이자도 받지 마라.

〈출애굽기〉 22장


　　50년째 되는 해를 다른 해와 구별되는 거룩한 해로 정하고 그 땅에 살고 있는 모든 사람들에게 해방을 선포하여라. 이 한 해는 그야말로 기쁨이 넘치는 해, 희년이다. 이 해는 빚 때문에 땅을 팔았던 사람이 그 땅을 다시 살 수 있는 해이며, 빚 때문에 자기 몸을 노예로 팔았던 사람도 다시 돌아갈 수 있는 해방의 해다.

〈레위기〉 25장


　　《신약성서》는 강조점이 다소 다르다. 예수는 《구약성서》를 충실히 따랐으며 유대교 율법을 전파했다. 그러나 그는 노동자(목수)였고, 추종자들의 기반은 빈민이었다. 그의 추종자들에게 예수 그리스도의 재림은 임박한 것이었기 때문에 현세적 부의 축적이 아니라 영혼의 구제가 더 중요했다. 예수 이후 기독교에 대한 해석을 담당했던 교회의 교부(敎父)들도 세속적 재산에 대한 초연함을 강조했다. 부는 신이 주는 선물이지만, 그것은 목적이 아니라 수단이어야 했다.

　　중세로 들어오면서 신학을 연구하는 스콜라학파의 학자들은 고해하러 온 상인들에게 조언을 해주면서 경제 문제에 직면하게 되었다. 이를 위해 만들어진 〈고해성사 지침서〉는 고리대와 금전욕은 모두 일급 죄악으로 간주했지만, 이전과는 달리 정당한 상행위의 결과라면 인정할 수 있다는 입장을 표명했다.

스콜라학파scholasticism는 그리스도교의 교의를 학문적으로 체계화하려는 철학이다. 중세 초기에 프랑크왕국의 샤를 대제(大帝)는 유럽 각지에 신학원(神學院)을 설립하고 학문 육성에 진력하였다. 스콜라학의 명칭은 이 '신학원 교수doctores scholastici'에서 유래하며, 그 후 중세의 신학원과 대학에서 연구하는 학문을 널리 스콜라학이라고 부르게 되었다. 스콜라schola란 말은 라틴어로 '학교'라는 뜻이다. 즉 스콜라는 서기 4세기부터 서유럽 기독교의 모든 수도원과 주교 성당에 마련된 부속학교를 가리킨다.

공정한 가치에 대한 판단이 필요하게 된 학자들은 아리스토텔레스의 《니코마코스 윤리학》에서 나오는 식품과 신발의 정당한 교환비율에 대한 설명을 이용하여 상품의 공정한 가치를 어떻게 판별할 수 있는지를 설명하였다. 이를테면 "농부의 노동과 비용이 신발제조공의 그것에 상응하면 신발제조공의 결과물은 농부의 결과물에 상응한다…. 교환은 한 사물의 가치와 다른 사물의 가치 사이의 비율에 따라 행해져야 한다"라는 식이었다.

우리는 여기서 고전파경제학의 이론적 기반이 된 노동가치론의 맹아적 형태를 보게 된다. 즉 어떤 상품의 정당한 가치는 각 상품에 들어 있는 노동량에 의해 측정할 수 있다는 생각이다. 이와 같이 경제학의 이론적 기반은 가치론이었는데, 이는 거래의 공정성을 평가하기 위한 노력의 산물이다. 이와 같이 가치라는 개념은 원래가 도덕 개념(어떤 것이 올바르고, 정당하다)이므로, 경제학의 이론적 기반이 가치론이라는 것은 사실상 경제학이 곧 윤리학임을 보여주고 있다.

교회와 성경은 이와 같이 자본주의 이전 서구사회에서 중요한 경제윤리의 기반을 제공했다. 구원은 교회와 근로를 통해 이루어지며 노동은 신성한 것으로 간주되었다. 상업에 대해서는 부정적이었으나, 이 역시 점차 공정한 교환에 한해서는 인정되었다. 그러나 고리대와 악주(惡鑄 : 위조 화폐의 제조)는 여전히 규탄의 대상이었다.

경제생활의 한 요소로 간주할 수 있는 근면함을 권장하는 한편,

부를 추구하는 행위를 부정한 것은 고대와 중세의 일반적 생각이었다. 즉 돈과 부에 대한 지금 우리의 열망은 사실 인류가 원래부터 가졌던 열망이 아니었다.

개체 발생이 계통 발생을 되풀이한다고 했던가? 어린이는 돈에 대한 관념이 없다. 또 돈을 추구하지도 않는다. 하지만 시간이 흘러 어른이 되면 돈이 인생의 전부라는 식으로 생각하게 된다. 이것 역시 인류사의 초기와 성숙기의 차이와 일치하는지도 모른다.

돈에 대한 추구 자체는 역사적으로 아주 오래된 현상이다. 하지만 그것이 '인정'받은 것은 상당히 최근의 일이다. 중세의 교부들은 성경의 가르침에 따라 부를 추구하는 행위를 경멸했지만, 부자들의 기부를 무시할 수 없었으므로 그들에게 면죄할 수 있는 기회를 주어야 했다.

따라서 정당한 부의 추구와 부정한 부의 추구에 관한 나름대로의 정교한 구분을 시도했다. 이를테면 상업행위를 통해 돈을 버는 것은 인정할 수 있지만, 고리대업을 통해 돈을 버는 것은 잘못된 행위라는 식이었다. 여기에서 사실상 가치론이 탄생한 것이다. 상품에 가격이 있다는 것은 누구에게나 명료한 사실이다. 하지만 그 가격이 얼마나 정당한가? 특히 상업을 통해 돈을 버는 행위는, 외관상 싸게 사서 비싸게 판 것인데 이를 얼마나 정당화할 수 있을까.

근대에 들어오면 이러한 질문과 대답을 통해 근로의 윤리에 더해 자본(돈)의 윤리도 긍정하기에 이른다. 기독교는 종교전쟁의 와중에 구교와 신교로 분리되는데 신교, 즉 프로테스탄티즘은 부의 추구를 용인함과 동시에 이를 소명으로서 받들어 더욱 신성시했다.

15세기에 시작된 프로테스탄트 운동(신교 운동)은 중세 교회의 성경 해석을 비판하면서 등장한다. 이들은 교황 중심의 기존의 기독교적 권위를 부정하고, 인간의 경제 활동은 정당함과 부당함에 대한 스스로의 판단기준을 발전시키도록 되어 있다고 보았다. 그리고 자신의 직업은 신의 뜻인 소명calling이므로, 열심히 일하는 것이 무엇보다도 신을 더 따르는 것이라고 보았다. 더불어 무역과 상업 역시 신을 받드는 과정의 하나로 인정되었다. 그리하여 형성된 프로테스탄트 윤리는 직업 소명 의식 외에도 자기 절제, 자조, 저축, 계획, 규칙의 준수와 같은 내용을 담게 되었다. 부에 대한 관점도, 여전히 죄의 씨앗이 될 수 있는 부정적 요소가 있음을 부정하지는 않았지만, 예전에 비해서는 부를 신의 축복의 하나로, 구원의 방법으로 인정했다는 점에서 큰 차이를 보였다.

세속적 직업을 신학적으로 정당화하고 인정한 것은 신교의 역할이었다. 하지만 가톨릭(구교)에 대한 비판으로 등장한 신교는 그 등장 초기에는 구교보다 더 금욕적이었다. 루터Martin Luther가 구교의 비판에 더 집중한 반면, 소명으로서의 직업을 강조한 칼뱅Jean Calvin은 보다 적극적으로 직업관을 전개했다. 이들의 예정설에 따르면 구원은 이미 정해져 있다. 그러나 문제는 누가 구원받을 수 있는지 인간이 알 길은 없다는 것이다. 따라서 칼뱅은 직업을 신이 정한 일로 보고 이를 성실히 이행하는 것만이 구원에 이를 수 있는 유일한 방법이라고 주장했다. 이제 세속적 직업은 더 이상 잘못된 일이 아니라, 오히려 구원의 길로서 더 투철하게 수행해야 할 일이 되었다.

신교도인 칼뱅파에 의한 리옹
의 교회 공격을 묘사한 그림
(1562)

## 2. 애덤 스미스 이전의 경제학

### 부를 욕망하다

이와 같이 현대 경제학의 형성에 결정적 영향을 미친 것은 돈에
대한 추구, 즉 이익에 대한 추구를 사회가 용인하고 권장하는 분
위기라고 할 수 있다. 독일의 사회학자 막스 베버Max Weber의《프
로테스탄트 윤리와 자본주의 정신Die Protestantische Ethik und der
'Geist' des Kapitalismus》에 따르면 이러한 이익, 즉 부를 추구하는
행위는 '자본주의 정신'으로 정리할 수 있다. 그런데 왜 이익을 추
구하는가? 보통의 경우 돈을 버는 이유는 자기가 쓰기 위해서다.
내가 쓸 만큼만 벌려고 하면 그리 큰돈이 필요하지 않을 것이다.
하지만 자본주의 사회에서 자본가의 수입 규모는 우리의 상상을 초월하는 경우가 많다. 그것을 어떻게 정당화할 수 있을까?

베버는 기독교가 그 정당화 논리를 주었다고 보았다. 향유하기 위해 그렇게 많은 돈을 버는 것은 여전히 정당화되지 않는다. 돈을 번다면 그것 자체가 하나의 목적이 되어야 한다. 신이 내려준 직업, 즉 소명이어야 한다는 것이다. 돈을 버는 행위를 신성한 소명으로까지 격상시키는 것은 돈, 즉 자본을 추구하는 자본주의를 막다른 골목으로 밀어붙이지 않게 하는 소금 같은 계기가 되었다.

베버의 프로테스탄트 윤리는 기독교의 금욕주의가 어떻게 부에 대한 욕망을 관리해갔는가를 설명하지만 욕망, 특히 부에 관한 욕망 그 자체가 어떻게 형성되었는가를 설명하지는 못한다. 이 욕망이 형성된 것은 부가 특별한 의미를 지니게 되었기 때문이다. 즉 예전의 부는 토지라든가 장신구, 노예와 같이 실제로 존재하는 현물의 형태를 띠고 있었다. 하지만 자본주의가 등장하면서 부는 일반화되고 추상화된 형태, 즉 돈이라는 형태를 띠게 된 것이다. 돈은 다양한 현물을 구매할 수 있는 추상화된 힘이라는 점에서 단순한 부와 구분되었다.

돈이 부의 추상화된 형태가 되면서, 이익을 추구하는 행위는 돈을 추구하는 행위로 정립되었다. 어떻게 해서 이러한 사회가 되었는가? 세 가지 계기를 살펴보자.

첫째는 바로 돈이 모든 재화를 구매할 수 있는 특별한 지위를 획득한 것이다. 그것은 곧 돈으로 모든 것을 살 수 있는 곳, 시장이 보편화되었음을 의미한다.

시장은 크게 구체적 시장과 보편적 시장으로 나뉘는데, 구체적 시장은 5일장과 같은 장터로 나타난다. 하지만 보편적 시장, 즉 추상화된 시장은 일반적 재화뿐 아니라 노동, 토지, 자본 등이 시장 거래의 대상이 되면서 가능해진다. 노동, 토지는 인간이 만들어낸 재화가 아니다. 하지만 시장은 이러한 특수한 것들도 시장 거래의 대상으로 만들어버렸다.

역사적으로 이러한 의미에서의 보편적 시장은 서유럽에서 13~19세기까지 서서히 형성되어갔다. 이러한 시장의 등장에 큰 자극이 되었던 역사적 사건은 15세기 지리상의 발견이었다. 지리상의 발견이 일어난 동시대에 유럽에서는 지역 간 상업이 활성화되고 있었다. 북서유럽의 한자동맹Hansa Bund과 남유럽 이탈리아 상인들의 활약으로 도시들이 형성되고 이는 다시 시장을 확대했다. 이와 같이 토지, 자본, 노동이 시장에서 거래될 때 돈은 직접적 욕망의 대상이 되었고, 보편적 이익이라는 개념도 형성되었다. 이를 콜럼버스Christopher Columbus는 "황금을 가진 자는 세계에서 자신이 바라는 모든 것을 만들고 성취할 수 있으며, 심지어 영혼을 천국에 보낼 수도 있다"고 요약했다.

두 번째는 자본주의적 인간형, 즉 근대인의 출현이다. 보편적 시장이 형성되던 시기, 축적된 자본은 새로운 문화를 꽃피웠다. 이른바 르네상스가 그것이다. 르네상스Renaissance는 다시 태어남을 의미한다. 무엇이 다시 태어나는가? 중세의 기독교적 금욕주의에 짓눌린 인간이 아니라, 고대 그리스·로마 다신교 하에서의 인간이 다시 태어난 것이다. 신적인 모습이 아니라 육체를 강조하는 인간적 모습이 되돌아온 것은 근대적 인간, 스스로 인간

한자동맹은 12~13세기 경 독일 북부의 도시 상인들이 상업 기반을 굳히고 해적에 대항하기 위해 만든 동맹체다. 이들은 북해 지역의 특산물인 곡물, 목재, 생선, 모피, 직물 등으로 샹파뉴 정기시에서 베네치아 상인들과 상품을 교역했다.

임을 자각하는 인간의 등장을 의미한다. 이제 인간이라 함은 스스로 사고하는(데카르트René Descartes, 나는 사고한다. 고로 나는 존재한다) 개체로서 규정된다. 공동체가 부여한 규범을 수용하는 것이 아니라 스스로 이 규범의 옳고 그름을 판단하여 수용 여부를 결정하는 것이다. 이는 세계를 바라볼 때 신(=외적 존재)이 아니라 인간(=나)을 중심에 두고 파악하는 인간 중심주의(=인본주의, 휴머니즘)를 의미한다. 인간의 욕망은 존중되어야 하며, 특히 개인의 욕망이 존중되어야 한다. 이는 일반적 부에 대한 무한한 욕망과 잘 조화되었다.

　그러나 현대 자본주의가 등장하기 위해서는 시장과 욕망의 승인만으로는 불충분하다. 무엇보다도 생산의 혁명적인 변화가 내부로부터 사회를 근본적으로 변혁시킨 중대한 계기였다. 생산의 혁명적 변화는 이 시대를 다른 시대와 구분 짓는 또 다른 중요한 준거인데, 이는 생산의 장소로서의 공장, 생산의 방식으로서 기계공업, 생산의 주체로서의 노동계급을 등장시켰다. 생산 공장이라는 요소는 시장의 형성, 욕망의 승인과 더불어 현대 사회를 규정짓는 세 가지 특징이라 할 수 있다. 이 요소가 등장하는 과정을 산업혁명이라 부르고, 또 시초 축적이라고도 부른다. 산업혁명이라 하면 생산과정의 혁신에 주목한 것이고, 시초 축적이라 하면 대규모 공장의 물적 기초인 대규모 자본과 대규모 생산자의 형성과정에 주목한 것이다.

자본주의가 현대 경제학의 출현 배경이라는 점에 대해서는 이견이 없다. 문제는 자본주의의 기원이다. 이에 대해서는 자본주의 이행 논쟁이라는 형태로 아직도 정리되지 않는 두 가지 주장이 대립하고 있다.

한 입장은 상업과 유통의 활성화가 자본주의의 성립기원이라는 것이고, 다른 하나는 공장과 임금노동자의 출현이 자본주의의 기원이라고 보는 입장이다. 전자에 따르면 자본주의는 13~15세기까지 거슬러 올라가며, 후자에 따르면 중세의 농민이 임금노동자로 전환되는 17~18세기에 이르러서 확립된다. 자본주의의 기원에 대한 이러한 논란에도 불구하고, 오늘날의 자본주의는 상품화와 유통의 발달, 공장제 생산과 임금노동관계의 성립을 모두 전제한다. 이 중 전자와 관련된 경제학 사상이 중상주의라고 할 수 있다.

### 상업을 중시하다—중상주의

이 시기에 최초로 생산과 돈의 문제에 대한 철학적·윤리적 사고가 아닌 경제학적 이론이 등장했다. 이것이 애덤 스미스에 의해 이론적으로 완벽히 논박되기 전까지, 15~18세기의 거의 3백년 동안 상인들의 사상을 지배해온 것이 중상주의다.

중상주의는 다음과 같은 네 가지 믿음을 기반으로 한다.

첫째, 돈을 버는 행위를 국가의 부유함과 동일시했다는 점이다. 즉 상인들이 돈을 벌면 사회적인 부도 증대한다고 믿었다. 단순히 돈을 추구하는 행위를 정당화하는 것을 넘어서서 이것이 타인에게 이득이 된다고 주장한 것이다. 당시의 사고로는 상인이 돈을 벌면 당연히 국가가 돈을 버는 것이었다. 이러한 상인들은 절대주의 국가와 유착했다. 절대주의 국가는 "짐이 곧 국가다"라는 프랑스 루이 14세의 말에서 알 수 있듯이, 사실상 왕의 소유물이었으며, 이를 통해 교황과 봉건영주를 중심으로 구성된 중세와는 달리 왕권이 매우 강화되었다. 절대주의 국가의 왕은 영토의 팽창과 전쟁에 많은 돈을 필요로 했으며 대상인을 지원하여 이로부터 필요한 자금을 확보하고자 했다.

둘째, 상업이 부의 확대를 가능하게 한다는 생각이다. 실제로 중상주의가 지배했던 시기의 상업 행위는 원격지 무역이 지배적이었다. 예를 들면 대(大)상인들이 모여서 만든 상업적 기업체로서 영국의 동인도 회사가 있는데, 이는 일종의 주식회사이지만 영국으로부터 면허를 받아서 인도를 중심으로 한 무역 독점권을 행사했다. 경우에 따라서는 다른 나라의 독점회사와 경쟁하기 위해 무기를 동원하여 군사행동을 하기도 했다. 이들은 신대륙에서 귀금속 및 향신료, 수제면직물 등의 원료를 싸게 사오고 국내 수공업자들이 가내 수공업 방식으로 만든 직물을 비싸게 팔아 이익

중상주의mercantilism라는 단어는 상품merchandise 또는 상인merchant과 어원을 공유한다. 애덤 스미스는 《국부론》에서 중상주의를 단순히 상업의 체계, 즉 mercantile system, system of commerce라고 했다. 중상주의는 상업을 중시한다는 뜻이다. 원어 그대로 번역하면 상인주의쯤 되겠다. 이는 이후의 경제학과 비교해보면 걸출한 대변자를 갖지 못한 경제 사상이다. 그래서 이 시기의 경제사상은 물질적 욕망에 대한 최초의 생각이긴 하나, 현대 경제학 이전 단계의 경제사상이라고 볼 수 있다

런던에 있던 동인도 회사의 본사

을 남겼다. 싸게 사고, 비싸게 파는 상업 행위가 부를 추구하는 가
장 확실한 방법이었던 셈이다.

셋째, 상업상의 차액을 얻기 위해서는 경쟁을 제한해야 한다는
생각이다. 따라서 그들은 경쟁을 반대하고, 독점을 인정했다. 또
한 중상주의자들은 국가를 이미 통제하고 있었기에, 국가가 적극
적으로 대상인의 무역행위를 도와야 한다고 주장했다.

넷째, 부는 금은과 같은 귀금속의 형태로 표현된다는 생각이다.
금과 은은 당시의 현물화폐였다. 따라서 부의 형태는 화폐였던 셈
이다. 중상주의자들은 쉽사리 소모되는 성질을 가진 다른 재화에
비해 "화폐는, 이 손 저 손으로 옮겨 다니긴 하지만 그 나라 밖으로
나가지만 않는다면, 쉽게 낭비되거나 소모될 수 없기 때문에 믿을
만한 친구다. 그러므로 금은은 한 나라의 재화 가운데 가장 견고하

고 실재하는 부분이며, 따라서 이 금속을 증가시키는 것이 경제정책의 큰 목적이어야 한다"(애덤 스미스,《국부론》)고 믿었다.

문제는 실제 역사에서 나타난 아이러니한 현상이었다. 중상주의 등장의 역사적 배경으로 볼 수 있는 지리상의 발견과 원격지 무역을 통해 최초의 이득을 얻은 나라들은 이베리아 반도의 스페인과 포르투갈이었는데, 이들은 새로이 개척한 신대륙에서 엄청난 규모의 은을 국내로 반입해 왔다.

따라서 중상주의자들의 이론대로라면 스페인과 포르투갈은 부유한 나라가 되어야 했다. 물론 언뜻 보면 신대륙에서 착취한 금과 은으로 무적함대를 보유한 두 나라는 부강한 나라라고 할 수 있다. 하지만 스페인과 포르투갈로 유입된 금과 은은 그 나라 경

화폐수량설은 물가가 통화량의 과다에 의해 설명된다는 이론이다. 당시의 통화는 금과 은이었고, 한 나라에 금은이 많이 유입되면 경제가 부강해지는 것이 아니라 물가가 상승하여 경제가 오히려 피폐해질 수 있다.

제에 극심한 인플레이션을 초래하여 나라 경제를 피폐하게 만들었다. 이 현상을 후대의 경제학자들은 화폐수량설로 설명하는데, 중상주의 이론의 모순을 극명히 보여준 사례였다.

중상주의는 아직 산업혁명을 통한 대규모 공장은 나타나지 않았고, 원격지 무역과 상업의 발달로 돈을 번 대상인들이 출현한 시기에 등장했다. 이러한 중상주의는 자본주의의 생성, 즉 자본주의의 초기 형태인 상업 자본주의 시대의 경제사상이다. 따라서 상업 자본주의 체제에서 이익의 추구를 동경하고 정당화하였으며, 또한 이를 국가 번영의 원인으로까지 격상시켰다.

그러나 중상주의는 금전 추구의 욕망에 사로잡힌 인간의 모습을 설명했을 뿐, 현대 사회의 대표적 인간형인 이기적 인간의 전형을 창조하지는 못했다.


### 부의 원천은 농업이다─중농주의

중농주의는 영어로 'physiocracy'라고 한다. 여기서 physis는 자연을 말하며, cracy는 지배라는 뜻이다. 애덤 스미스는 《국부론》에서 중농주의를 단지 농업 중심 체계(agricultural system 또는 system of agriculture)라고 불렀다.

오히려 경제학의 이론화에 근접한 사상은 18세기 중·후반 프랑스에서 발흥한 중농주의였다. 당시 프랑스는 루이 14세 치하에서 절대주의 국가의 끝자락에 있었고, 콜베르주의라고도 불린 중상주의적 사유에 의해 지배되고 있었다. 그러나 동시에 프랑스의 지주계급은 루이 14·15·16세 치하에서 국왕의 측근으로서 영국이나 다른 유럽 국가에 비해서 지배계급의 일원으로 더 인정받고 있었다. 중농주의는 지주계급이 토지를 부의 원천으로 우월시하여 자신들의 영향력을 인정받기 위해 내세운 사상이다. 따라서 중농주의는 귀족의 생존 전략이며, 동시에 프랑스 계몽주의의 영향 하에서 귀족들의 소소한 개혁의지를 담아 만들어진 것이다. 중농주의는 토지의 우월성과 특권을 지지하는 사상에 기초하여 상업자본주의의 지배자인 상인들을 물리치려고 했다. 그런데 이 과정에서 아이러니하게도 현대 경제학 이론의 시초가 만들어졌다. 왜냐하면 중상주의에 반대하기 위해 부의 원천으로서의 상업이라는 관념에 도전했고 농업 생산에의 주목을 통해 유통이 아니라 생산에 관심을 갖게 되었기 때문이다.

중농주의의 창시자인 케네는 궁정의사였다. 그는 루이 15세의 주치의가 되어 귀족 작위를 받은 후, 베르사유 궁전에 개인 연구실을 확보하여 경제학 연구에 몰두하였다. 케네는 경제를 인체와 같이 생각하여 경제의 흐름을 체내에 흐르는 혈액의 흐름처럼 보았다. 그는 화폐와 생산물의 순환을 도식화하여 표현하였는데, 이를 《경제표Tableau économique》라고 부른다. 케네와 그의 문하생으로 이루어진 일군의 중농주의자들은 최초의 경제학 학파를 이루었는데, 루이 16세의 재무부장관을 지낸 튀르고Jacques Turgot, 화학회사 뒤퐁을 만든 뒤퐁Du Pont de Nemours 등이 그들이다.

중농주의자들은 중상주의가 상업과 귀금속을 부의 원천이자 표현으로 본 것에 반대하며, 부의 원천은 농업이라고 주장하였다. 상업은 구매해서 판매하는 것에 불과하므로 이 과정에서 부가 창출되지 않는다. 이들은 최초의 부가 농업 생산에서 시작되고, 공업과 상업은 생산된 부를 배분해가는 것에 불과하다고 주장했다. 이렇게 새로이 창조된 부를 '순생산물net product'이라고 불렀

콜베르Jean Baptist Colbert는 루이 14세 때인 17세기 프랑스의 재무장관으로서, 프랑스의 공업 생산과 무역을 발달시켰다. 그는 국부가 그 나라가 보유한 금과 은의 양에 따라 결정된다고 생각하여 강력한 중상주의 정책을 실시했다. 중상주의는 영국의 엘리자베스 1세(16세기)와 크롬웰 치하(17세기), 프랑스의 태양왕 루이 14세 때인 17~18세기, 독일의 경우 프로이센 왕국의 프리드리히 대왕(18세기) 치하에서 지배적인 경제 사상이었다.

《경제표》는 케네가 1758년에 발표한 경제순환(사회적 총자본의 재생산과 유통)에 관한 도표다. 이는 한 나라의 연간 생산물의 유통과 분배의 과정, 즉 경제순환을 도표로 표시한 것으로 오늘날 국민경제의 산업연관을 분석하는 산업연관표의 기원이 된다.

콜베르

는데, 이것은 어떤 의미에서는 현대적 의미의 가치론의 탄생이기도 하다. 이제 가치론은 중세의 도덕적 가치판단이라는 주관성을 넘어서서 투하된 노동의 양에 의해 결정되는 구체적 크기, 즉 노동가치론이라는 객관적 속성을 띠게 되었다. 이들은 부의 원천에 대해 본격적으로 질문하고 대답했다. 이들에 의하면 부는 농산물을 땅에서 증식시키는 것에서 출발한다. 이들은 이어서 이렇게 생산된 소득이 지주와 농민, 상공업 생산자 등으로 어떻게 분배되어 가는지를 설명하였다. 이 설명에 의하면 최초의 부의 소지자는 농업 생산의 조직자인 지주다. 이들은 가치를 창출하는 농업 생산의 조직자이므로 순생산물은 지주에게 귀속된다. 즉 지주가 새로운 가치생산물의 권리를 갖는다.

중농주의자들은 농업이 부의 원천이라는 주장을 하기 위해서 자연법에 의존했다. 왜 농업이 부를 창출하는 원천인가. 농업이 가장 자연에 가깝기 때문이다. 농업에 의존하는 것은 경제과정의 자연스러운 형태에 그대로 의존하는 것을 의미했다. 중상주의자인 콜베르가 상인에게 "당신을 돕기 위해서 우리는 무엇을 해야 하는가Que faut-il faire pour vous aider?"라고 묻자, 그 상인이 "우리를 그냥 내버려두면 된다Nous laissez faire"라고 대답했다고 한다. 그대로 내버려두라는 의미의 '레세 페르laissez faire'라는 고전파경제학의 자유방임주의는 바로 이 중농주의에서 나온 것이다.

이러한 중농주의에 대한 애덤 스미스의 평가는 매우 호의적이다. 부의 원천이 농업이라는 중농주의의 명제를 공업으로만 바꾸면 고전파 정치경제학의 논리가 되기 때문이다.

자유방임주의는 시장 경쟁을 우선하여 경쟁을 강조하는 입장과 정부 개입에 반대하는 정치적 신념으로 나누어서 생각해볼 수 있다. 전자는 독점에 대해서 반대하고, 후자는 사회 빈곤을 해결하려는 정부의 복지정책 개입에 반대한다. 사실 애덤 스미스의 자유방임주의는 전자의 입장을 지지했지만, 1980년대 이후 등장하여 신자유주의라고 불리는 새로운 자유방임주의는 후자의 의미가 강하다.

이 학설은 그것이 지닌 불완전함에도 불구하고 지금까지 경제학에 관해 발표된 것들 중 진리에 가장 접근한 것이다. 토지에서 일하는 노동만이 유일하게 생산적인 노동이라고 평가하고 있다는 점에서 그들의 주장은 너무 편협하고 제한적이긴 하지만, 국가의 부가 화폐라는 소비할 수 없는 귀금속으로 구성되는 것이 아니라 그 사회의 노동에 의해 해마다 재생산되는 소비 가능한 재화들로 구성된다고 이해하는 점에서, 그리고 완전한 자유는 이런 매년의 재생산을 가능한 최대로 하기 위해 유일하게 효과적인 수단이라고 이해하는 점에서, 이 학설은 모든 점에서 정당하다.

애덤 스미스, 《국부론》, 김수행 옮김(비봉출판사, 2007)

마르크스Karl Marx는 중농주의를 봉건적 외피 속에 들어 있는

튀르고

부르주아적 관념이라고 평가했다. 이런 점에서 보면 중농주의는 주류경제학의 편에 서 있는 듯 보인다.

하지만 중농주의는 경제를 생물에 비유했다는 점에서 주류경제학과 다른 편에 서 있다. 주류경제학은 물리학적 균형 개념을 빌려와서 시장을 설명했기 때문에 경제와 인간을 기계로 보는 관점을 가지고 있다. 하지만 중농주의는 경제를 생물체와 비슷하게 생각했고 이는 이후에 고전학파, 마르크스, 역사학파, 베블런 Thorstein Bunde Veblen 등의 유기체적 역사관으로 이어진다.

역사적으로 중농주의는 프랑스 혁명으로 일소되었다. 루이 16세의 재무장관인 튀르고는 봉건제도를 개량하기 위해 소소한 개혁을 추진했다. 여기에는 프랑스 내 곡물거래의 자유화, 신앙의 자유, 전매 독점권의 폐지 등 자유주의적 요소가 있었으나, 결국 지주의 반대로 개혁은 실패했고 프랑스 혁명에 의해 구체제가 일소되면서 동시에 중농주의도 소멸했다.

애덤 스미스 이전의 경제사상으로서 중상주의와 중농주의는 점차 힘을 잃어갔지만, 이는 자본주의가 단순한 상인의 자본주의가 아니라 생산의 혁명에 기초를 둔 자본주의, 스스로 재생산할 수 있는 자본주의, 즉 자기 발로 선 자본주의로서 발전함에 따른 것이었다. 이에 따라 새롭게 형성된 자본주의를 설명할 수 있는 이론이 필요하게 되었다.

영화 속의 경제
# 올리버 트위스트

영화 〈올리버 트위스트Oliver Twist〉의 원작은 1838년에 출간된 찰스 디킨스Charles Dickens의 동명 소설이다. 1834년 시행된 가혹한 신빈민법에 대한 항의와 런던 뒷골목의 소매치기 세계를 소재로 한 악한 소설 형식으로 사회적 모순을 통렬히 비판한 사회소설이다. 이 책을 바탕으로 많은 영화와 TV 드라마 등이 만들어졌으며, 영국에서는 뮤지컬로도 발표되어 흥행에 성공한 바 있다.

영화는 2005년, 폴란드 출신의 영화감독 로만 폴란스키Roman Polanski가 새롭게 제작하여 개봉하였다. 올리버의 출생부터 시작하는 원작과는 달리, 영화는 올리버가 구빈원이라는 수용소로 들어가는 장면에서 시작된다. 이 구빈원은 실제로 존재했던 곳으로, 산업혁명 이후 넘쳐나는 실업자와 고아들을 위한 무시무시한 수용소였다.

주인공 올리버는 구빈원에서 지내던 중 먹을 것을 더 달라고 했다가 문제아로 낙인찍히고 장의사 집에 팔려가게 된다. 팔려간 곳에서도 심한 학대를 받던 올리버는 견디지 못하고 무작정 런던으로 도망을 친다.

런던에서 올리버는 유대인 악당 페긴 일당에게 끌려가 소매치기를 하려다가 동료의 죄를 뒤집어쓰고 체포되었으나, 자선가인 한 신사의 도움을 받는다. 도둑 일당은 자신들의 비밀을 지키기 위해 올리버를 찾으려고 하지만, 그를 보호하는 선량한 사람들의 노력으로 일당은 궤멸한다. 올리버의 신원이 밝혀짐과 함께 그 부자 신사가 아버지의 친구임이 밝혀지고, 올리버는 그의 양자가 되어 행복하게 살게 된다는 이야기이다.

줄거리만 보아서는 해피엔딩이지만, 실제로 영화는 영국 산업혁명기 노동자들의 비참한 삶을 고발하는 사회비판의 성격을 갖고 있다. 구빈원이라는 복지시설이 있었지만 이조차 어른들의 사리사욕을 채우는 수단이 될 뿐이었고, 그런 어른들은 죄의식조차 없이 아이들에게 정신적, 신체적 폭력을 가했다. 또한 어린 아동조차 산업화의 수단으로만 생각하고 이윤을 극대화하기 위해 길거리에 널려 있는 값싼 노동력인 아동과 실업자, 여성을 동원하였다. 산업화, 기계화엔 성공하였으나 공평하지 못한 분배와 심각한 인권문제를 야기했던 것이다.

이 시기 자본가들은 자신의 추악한 이기심조차 '국가의 부'를 창출하는 데 한몫하고 있다는 신념을 가졌으며, 동시에 노동생산성 향상이 아닌 단지 노동투입의 증대에만 관심을 가졌다. 이는 애덤 스미스의 이론을 왜곡한 것이다. 왜냐하면 애덤 스미스는 노동량의 투입 뿐 아니라 분업을 통한 생산성 증대도 국가의 부에 크게 기여한다고 보았기 때문이다. 노동의 생산성에 주목하면 싼 노동보다 고급 노동에 주목해야 한다. 영화 속 구빈원은 아동을 위한 시설이 아닌, 산업화에 한몫할 일꾼을 양성하는 곳일 뿐이다. 구빈원뿐 아니라 사람의 죽음조차 장사수단으로 여기는 '소우어베리', 버려지고 상처받은 아동들을 이용하여 일하

1838년에 출간된 원작 소설의 삽화

지 않고 돈을 모으려는 '다저'는 그 시대의 분위기를 보여주는 단적인 예다. 그래서인지 영화의 전체적인 색감과 음향은 암울하고, 어두운 분위기를 반영한 연출이 많다. 전체적으로 비관적인 모습에도 불구하고, 작품 나름의 해피엔딩으로부터 우리는 인간의 행복에의 갈망에는 아직까지 희망이 남아 있다는 작가 나름의 낙관적인 전망도 엿볼 수 있다.

# 자본주의의 시작

애덤 스미스는 흔히 경제학의 아버지라 불린다. 애덤 스미스의 경제학이 오늘날 현대 경제학의 이론과 완전히 일치하는 것은 아니다. 하지만 애덤 스미스는 오늘날 현대 경제학이 금지옥엽처럼 다루는 '시장'을 분석하여 이 시장이 생산성을 향상시키는 과정이라는 것을 암시했기 때문에 현대 미시경제학을 예견했다고 여겨진다. 또한 '국가의 부'라는 거시적 주제를 다루었다는 점에서 현대 거시경제학과도 연관된다.

## 1. 애덤 스미스, 경제학의 탄생

모든 위대한 사상가들과 마찬가지로 애덤 스미스 역시 다양한 해석을 가능하게 하는 경제 사상가다. 하지만 전체적으로 봐서 애덤 스미스가 위대한 시장의 능력을 옹호하는 자유주의 경제사상가라는 점에 대해서는 이견이 없을 것이다. 자유주의 경제사상가이지만 그는 매우 급진적이었다. 이를 이해하기 위해서는 애덤 스미스가 살았던 시대를 먼저 살펴야 한다.

때는 바야흐로 영국의 빅토리아 시대(1830~1901년) 직전, 산업혁명의 직전이었다. 지리상의 발견과 상업의 융성, 자본주의적 수공업의 팽창이 목도되고 있었다. 자본주의가 발달하기 위해서는 공장을 운영할 수 있는 자본(돈)과 신분상의 제약으로부터 자유로우나 스스로 생산할 수 있는 생산수단은 갖지 못한 노동자가 있어야 한다. 영국에서 이러한 노동자들은 16세기부터 시작하여 19세기가 되어서야 중단된 '인클로저enclosure 운동'이라는 현상에 의해 형성되었다.

인클로저 운동은 모직 수공업의 원료가 되는 양모를 더 생산하기 위해 영주나 농촌 지주들이 자기 영토에 있는 소작농들을 쫓

아내고 미개간지나 공유지를 사유지로 만듦으로써 시작되었다. 양털에서 나오는 모직물로 만드는 의류산업, 즉 모직 수공업이 도시에서 발달하게 되자 농사보다 양 사육이 훨씬 더 수익이 좋은 사업이 되었던 것이다. 토지에서 쫓겨난 농민들 중에서는 유랑민이 되거나 강도, 빈민이 되어 사회문제를 야기하는 사람도 있었지만 대부분은 자본주의에 필요한 노동자가 되었다. 역설적으로 농민을 토지에서 쫓아낸 바로 그 모직 수공업이 농토에서 쫓겨난 농민을 노동자로 받아들인 것이다.

이후 애덤 스미스가 살았던 18세기 중반은 대규모 공장에 기반을 둔 산업혁명이 막 꽃을 피우려는 시기였다. 산업혁명의 기초가 된 증기기관은 애덤 스미스가 교수로 있던 글래스고 대학에서 직원으로 일하던 제임스 와트James Watt가 발명한 것이다. 애덤 스미스 당시에는 대규모 공장에 기반을 둔 공장제 기계공업보다는, 단순하게 노동자를 모아서 생산하는 공장제 수공업 방식이 더 보편적이었다.

또한 이 시대는 영국의 상인들이 식민지 무역으로 크게 돈을 번 시기였다. 동인도 회사를 통해서 영국의 제품을 인도에 팔고 인도의 특산품을 영국으로 다시 사들여오는 원격지 무역이 크게 성행하여 대상인들은 큰돈을 벌었다. 이제 돈의 힘이 용인되고 돈을 버는 것이 사회적으로 승인된 시대가 되었다. 그러나 이는 다음과 같은 두 가지 문제를 제기했다.

첫째는 모든 사람이 돈을 추구하여 자신의 이익을 챙긴다면 이 사회는 혹시 붕괴하지 않을까라는 것이었고, 둘째는 상인과 자본가가 주도하여 돈을 버는 이 사회가 어떻게 해서 나라를 부강하게 할 수 있을까라는 점이었다. 애덤 스미스는 《국부론》에서 이 문제에 대해 대답함으로써 오늘날 경제학의 기초를 닦았다.

첫 번째 문제가 중요하게 대두된 까닭은 앞에서도 암시되어 있다. 애덤 스미스의 시대에는 돈의 추구가 사람들의 주요 관심사가 되었지만, 사실 돈의 추구란 이기심이 상업사회에서 발현되는 방식에 불과하다. 근대 이전의 사회에서 돈을 추구하는 이기적 욕구는 사회의 안정과 번영을 위해서 억제되어야 했다. 하지만 근대 사회로 넘어오면서 개인주의와 함께 돈을 추구하는 이기심도 이미 용인되었으므로, 이러한 이기심이 사회와 어떻게 조화될 것인가라는 질문을 던질 수밖에 없었다.

애덤 스미스 역시 이 주제를 연구하는 학자였다. 그는 사실 경제학자가 아니라 도덕철학자였다. 도덕철학의 주제는 당대에 잡다하게 제기되던 사회적·세속적 문제 대부분을 포괄하였는데, 당시 도덕철학의 중요한 문제 역시 바로 개인주의와 사회의 조화였던 것이다. 애덤 스미스는 《도덕감성론Theory of Moral Sentiment》에서 개인은 자신의 이기심에도 불구하고 제3의 입장에서 타인을 평가할 수 있는 공감능력을 가졌기 때문에 사회적 차원을 고려하는 도덕적 판단을 할 수 있다고 주장했다.

하지만 17년 후에 나온 《국부론》에서는 다음과 같이 말한다.

우리가 저녁을 기대할 수 있는 건 푸줏간 주인, 술도가 주인, 빵집 주인의 자비심 덕분이 아니라, 그들이 자신들의 이익을 챙기려는 생

각 덕분이다. 우리는 그들의 박애심이 아니라 자기애에 호소하며, 우리의 필요가 아니라 그들의 이익만을 그들에게 이야기할 뿐이다.

즉 보이지 않는 손이 인간의 사적인 이익과 열정을 사회 전체의 이익과 가장 조화되는 방향으로 이끈다는 것이다. 이 '보이지 않는 손'이라는 말은 애덤 스미스의 대표적 어구로 인용될 정도로 유명한 말이지만 사실상 애덤 스미스의 전 저작에서 단 세 차례 나오며, 《국부론》에는 한 번밖에 나오지 않는다. 이기적 개인과 사회적 복리의 조화라는 문제를 놓고 애덤 스미스가 이렇게 자신의 두 저작에서 서로 다른 입장을 보였다는 점 때문에 이를 '애덤 스미스 문제'라 부른다. 요컨대 공감 대 이기심, 도대체 무엇이 애덤 스미스의 진짜 견해냐는 것이다. 이는 오늘날까지 해결되지 않는 문제이기도 하다.

이에 대해 애덤 스미스는 '보이지 않는 손'이 해결해 줄 것이라며 다소 신비적이고 낙관적으로 이야기하고 있다. 그는 초기에 '보이지 않는 손'을 마치 신의 섭리와 같이 사용했는데, 이는 아직 그가 이기심과 사회적 이익 사이를 조화시키는 과정을 원인과 결과로 정확하게 파악하지 못했다는 것을 보여준다. 하지만 《국부론》에서의 이 서술은 이후의 경제학에서는 시장의 과정에서 나타나는 결과로 보다 구체적으로 해석된다. 시장에서 다수의 수요자와 다수의 생산자가 자신의 이익을 극대화시킨 결과 가격이 형성되는데 이 가격은 시장의 참여자를 모두 만족시키고 또한 사회 전체의 후생을 극대화시킨다는 것이다.

여기서 우리는 왜 애덤 스미스를 경제학의 아버지라고 부르는지 이해할 수 있다. 요컨대 이익추구라는 이기적 행위가 사회적 복지와 충돌하지 않는다는 그의 주장과, 그 이유를 시장에서 찾았다는 점이 이후 경제학에 수용되어 250년의 변화 과정에서도 본질적으로 변화하지 않았기 때문이다.

애덤 스미스가 《국부론》에서 구명하고자 했던 것은 이것만이 아니었다. 그는 국가의 부의 원천이 어디에 있는가라는 보다 본질적인 문제로 나아갔다.《국부론》의 원제는 '국가의 부의 본질과 원천에 대한 규명An Inquiry into the Nature and Causes of the Wealth of Nations'이라는 긴 제목이다. 이 제목만으로도 그의 관심을 이해할 수 있다. 도덕철학자로서의 애덤 스미스는 사익과 공익의 충돌 문제를 고민했지만, 경제학자로서의 애덤 스미스는 이 문제에만 머무르지 않았다. 경제학자로서 그의 관심은 어떻게 국가의 부가 형성되는가, 즉 강대국이 어떻게 가능한가라는 질문으로 나아갔다. 여기서 애덤 스미스의 놀라운 예지력이 발견된다. 그는 강대국을 형성하기 위한 방법으로 국수주의적 방법을 제시한 것이 아니라 자유주의적 방법을 제시했기 때문이다. 《국부론》의 첫 문장은 다음과 같이 시작한다.

> 한 나라 국민의 연간 노동은 그들이 연간 소비하는 생활필수품과 편의품 전부를 공급하는 원천이며, 이 생활필수품과 편의품은 언제나 이 연간 노동의 직접 생산물로 구성되고 있거나 이 생산물과의 교환으로 다른 나라로부터 구입해온 생산물로 구성되고 있다.

이 첫 문장은 바로 오늘날의 거시경제학에 깔려 있는 주요 명제다. 애덤 스미스 이래 거시경제학의 관심은 바로 이 명제에서 출발하며, 이것 역시 250년의 역사 속에서도 변화하지 않았다. 국가의 부가 그 나라에 있는 금과 은의 양이 아니라 그 나라에 있는 생산물의 양에 의해 규정된다는 생각은 당시의 논쟁을 반영하고 있으며, 《국부론》에서도 자세히 설명되고 있다.

당시 영국에서는, 강대국은 그 국가가 보유한 금과 은의 양으로 결정되며, 따라서 강대국이 되기 위해서는 금과 은을 싸게 사서 비싸게 파는 교역을 해야 한다는 중상주의적 주장이 지배적이었다. 이는 일관된 체계를 갖고 있는 주장은 아니었으나, 당시 대상인들이 지지하는 사상 사조였다. 대상인들은 이 논리로서 시장을 지배하고, 자신들에게 유리한 각종 규제를 도입하였는데 애덤 스미스는 바로 이것을 깨고자 했던 것이다.

애덤 스미스는, 국가의 부는 생산에서 나온다는 점을 강조했다. 그는 프랑스 여행(1764~1766년)을 통해, 부는 농업 생산에 의해서만 가능하다고 주장하던 중농주의 경제학자들과 교류하면서, 부가 상업이 아니라 생산에서 온다는 점에 대해 더 확신하게 되었다. 다만 스미스는 공업이 발달한 영국의 상황을 주로 연구했으므로, 중농주의자와 달리 농업 생산이 아니라 공업 생산이 부의 원천이라고 주장하게 되었던 것이다.

공업 생산이 국가의 부의 원천이라는 점에 착안한다면, 국가의 부를 증대시키기 위해서는 공산품을 더 많이 만들어내야 한다. 그렇다면 공산품을 더 많이 만들어내기 위한 방법에 주목할 수밖에 없다. 가장 단순히 생각할 수 있는 방법은 생산에 필요한 요소를 더 많이 투입하는 것이다. 생산에 필요한 가장 대표적인 요소는 바로 노동력, 즉 인구이다.

하지만 애덤 스미스의 통찰은 이 수준을 훨씬 넘어선다. 그는 생산성에도 주목했다. 생산성이란 노동투입에 대한 생산물의 비율로 정의할 수 있다. 즉 동일한 노동을 투입하고도 더 많이 생산하게 되면 생산성이 향상된 것이다. 이 관점에서 스미스가 관찰한 곳은 옷핀공장이었다. 옷핀공장의 분업은 어떻게 공장이 이전의 생산방식에 비해 혁명적으로 생산성을 증대시켰는지를 보여줬다. 노동자 한 사람이 핀 제조 공정 전체를 담당할 때는 하루에 20개도 만들지 못했지만, 핀 제조 공정을 열여덟 개로 나누어 열 명이 분업하자 하루에 4만 8천 개가 만들어졌다. 이러한 분업

에 의한 생산성 증가의 원인으로는 노동자 각자의 기교 향상, 하나의 일로부터 다른 일로 옮겨갈 때 잃게 되는 시간의 절약, 기계 발명 등을 들 수 있다.

이를 공장 내의 분업이라고 부르자. 이후의 경제학자들은 생산성을 향상시키는 공장에서의 기법에 대해 보다 상세히 분석하게 된다. 요컨대 분업 뿐 아니라 협업도 생산성을 향상시키며, 이후에는 노동자를 줄이고 기계를 더 투입하는 방법이 대세를 이루게 된다.

애덤 스미스는 이러한 공장이 탄생하고 생산을 추진하는 그 원천을 지적하는 것을 잊지 않았다. 그것이 앞에서 이야기한 '애덤 스미스 문제'와 관련되는 시장인 것이다. 이 시장은 단순히 이기심을 사회적 이익과 조화시키는 차원에 머무르지 않는다. 오히려 시장은, 다른 어떤 제도보다 이기심이 사회적 복지를 더 증대시키는 역설적인 결과를 낳게 하는 장치다. 어떻게 이것이 가능한가? 시장은 사회적 분업을 가능케 하고 심화시키기 때문이다. 한 사람이 책상을 만들고, 농사를 짓고, 옷을 만들고, 신발을 만들고, 집을 짓고, 책을 쓰고, 음악을 하는 등의 모든 일을 직접 한다면 그중 하나도 잘해낼 수 없을 것이다. 그러나 시장은 직업을 분화시켜 사람이 평생 한 가지 일만 하고도 생존할 수 있게 해준다. 그리고 결과적으로 반복과 숙련으로 인해 노동생산성이 상승한다.

노동생산성은 오늘날도 신문과 언론, 생산의 현장, 경제학 등에서 끊임없이 듣게 되는 용어다. 바로 이 생산성의 문제를 지적했다는 점에서 애덤 스미스의 놀라운 통찰이 드러난다.

분업이 노동생산성을 증대시킨다는 애덤 스미스의 생각은 마르크스에게 와서는 공장제 기계공업의 놀라운 생산력의 발전, 즉 인간 노동의 조직화(분업과 협업)뿐 아니라 인간과 기계의 결합에 대한 관찰로 이어진다. 물론 마르크스는 분업이 가진 생산성 증대의 효과가 결국 노동자를 더욱 궁핍하게 만들고 노동을 소외시키며 편협하게 만든다고 비판했다. 하지만 애덤 스미스도 생산성 증대라는 분업의 긍정적 효과만 강조한 것은 아니었다.

애덤 스미스는 《국부론》에서 분업의 관철이 인간성의 황폐화라는 결과를 낳을 것이라는 점도 강조했다.

분업이 진전됨에 따라 노동으로 생활하는 대부분의 사람들, 다시 말하면 민중 대다수의 고용이 한두 가지의 극히 단순한 작업에 한정된다. 그러나 그 결과란 것이 거의 비슷한, 아니 거의 꼭 같은 것이나 다름없는 한두 가지의 단순작업을 수행하는 데 전 생애를 보내야 하는 사람들은 자신들의 이해력을 마음껏 발휘하거나 독창성을 시험해볼 기회를 갖지 못한다. 그리하여 사람들은 자연히 그러한 능력을 상실하게 되며, 그리하여 일반적으로 인간이 이를 수 있는 최대의 우둔함과 무지함의 상태에 이르게 된다.

애덤 스미스는 《국부론》에서 분업이 인간의 개발과 계몽에 미치는 악영향에 대해 말했지만 동일한 논의를 기계화·자동화·전산화된 현대 자본주의에도 적용할 수 있을 것이다.

애덤 스미스의 자유주의는 개인이 자기의 이익을 추구할 때 사회적 복지도 향상된다는 주장이다. 그러나 《국부론》을 읽어보면 애덤 스미스는 어떠한 형태의 사적 이익 추구에 대해서는 분명히

비판하고 있다. 그 형태란 바로 독점적 이익 추구 행위다. 따라서 독점 기업들이 판을 치는 현대 자본주의에 애덤 스미스의 자유주의를 그대로 적용하는 것은 왜곡이라 할 수 있다. 만약 애덤 스미스가 자신의 사후에 나타난 사태의 전개를 알게 된다면, 보다 강력한 사회 개입의 필요성을 촉구했을지도 모른다. 하지만 그는 비교적 평온한 자본주의의 탄생기를 분석하였을 뿐이다.

## 2. 고전학파 경제학

### 18세기 말의 사회 · 경제적 관심

애덤 스미스는《국부론》에서 상업사회(=자본주의)의 미래를 낙관한다. 그러나 스미스의 이러한 낙관주의는 그가《국부론》을 쓸 당시 영국의 산업 상황을 반영하고 있다. 당시 영국은 산업혁명이 막 시작된 단계였다. 산업혁명은 1760년대 이후 공업 생산에 기계가 도입되고 이에 의해 일어난 경제사회적 대변동을 의미한다.

영국은 당시에 이미 네덜란드 및 프랑스와의 경쟁에서 승리하여 대서양 교역의 패권을 쥐고 광대한 해외시장을 확보하고 있었다. 또한 모직물을 중심으로 한 공장제 수공업이 발달되어 있었으며, 인클로저 운동의 결과로 농촌으로부터 값싼 노동력이 많이 방출되어 있는 등, 공장제 기계공업이 발달할 전제조건을 갖추고 있었다.

산업혁명은 어떤 경우에도 의류 산업에서 시작된다. 인간 생활의 가장 핵심인 의·식·주에서 식(食)은 1차 산업, 즉 자연 환경의 제약을 받고 있고, 주(住)는 내구재로 소비가 제한되어 있는 반면, 의(衣)는 생산과 소비 모두 자연적 제약이 없기 때문이다. 영국에서는 17세기 말 인도에서 수입하던 면포(캘리코)가 주요한 계기였다. 영국 의회는 1770년 영국의 전통적인 모직물(양모로부터 나오는 모직을 토대로 한 의류)을 보호하기 위해 저렴한 인도산 면직물 수입을 금지했지만, 그 이전에 이미 영국 내에서 면직 산업이 발달하였다. 영국에서는 서인도 제도에서 재배한 면화를 수입하여 랑카시아 지방에서 면포를 생산했다. 면포 생산능력이 향상되자 원료인 면사가 부족하게 되었고 이에 따라 직물공이자 목수였던 하그브리스, 가발 제조업자인 아크라이트, 방적공인 크롬프턴 등이 면사를 만드는 방적기를 발명하거나 개량하였다. 여기에 이러한 기계들을 움직일 동력혁명이 와트의 증기기관 발명(1784년 특허)과 더불어 시작되었다. 이후 증기의 원료인 석탄을 필요로 하게 되어 석탄광이 개발되고, 이를 전송할 철도산업, 철도, 기차를 생산할 제철, 기계 산업 등이 연쇄적으로 발전하게 되어 대량생산과 공장제 기계공업을 기반으로 하는 산업혁명이 바야흐로 꽃을 피우게 되었던 것이다.

공장제 기계공업 생산방식을 갖추게 되었다는 점에서 산업혁명은 자본주의 역사에서 큰 분기점을 이룬다. 그러나 산업혁명 이전인 상업자본주의 시기에 이미 자본주의의 특성이라고 할 수 있는 부의 형성과 빈곤의 형성이 이루어졌다. 즉 부의 형성은 15세기 지리상의 발견과 원격지 무역, 도시의 형성, 절대주의적 중상주의와 함께 대상인이 부를 축적하고 이와 더불어 소규모 생산

면직 산업은 목화로부터 씨를 뽑는 조면(繰綿), 면화로 실을 만드는 방적(紡績), 실을 직물로 만드는 방직(紡織)이라는 공정으로 나눠진다. 그리고 이 공정의 기계화가 산업혁명의 내용이 되었다. 영국은 전량 씨를 뺀 면화를 수입했기 때문에 조면 작업은 영국의 관심사가 아니었다. 하지만 미국은 남부지방을 중심으로 노예노동에 기초한 면화 플랜테이션에서 목화를 생산하였으므로, 목화의 씨를 빼는 조면 작업이 많은 일손을 요구하는 복잡한 과정이었다. 1790년대 초 미국에서는 예일대 출신의 엔지니어 일라이 휘트니Eli Whitney가 기계식 조면기를 발명함으로써 조면 과정의 수공업 공정이 해소된다.

와트의 증기기관

자와 농민들이 새로운 자산가 계층으로 등장하게 되었던 것이다.

그런데 이 시기는 동시에 빈곤의 축적기이기도 했다. 16세기경, 중세가 붕괴하면서 나타난 최초의 현상은 인클로저 운동으로 농촌에서 농민이 추방되는 사태였다. 이렇게 양산된 빈민은 역설적으로 자본주의 공장의 노동력 공급원이 되었다. 오랜 세월 동안 이들은 장시간 노동, 저임금, 열악한 노동환경, 아동노동으로 고통 받았다. 애덤 스미스는 상업사회(=자본주의)가 국부를 증진시키고 결국은 빈곤을 없앨 것이며, 노동자의 실질임금도 상승할 것이고 상승해야 한다는 낙관론을 폈지만, 실제로 자본주의 생산방식의 혁신이 일어났던 18세기 말에 빈곤은 오히려 더 큰 사회적 문제가 되었다. 빈곤의 누적이라는 이러한 문제는 절대주의 국가의 구체제의 모순과 결합하면서 혁명의 불씨를 당겼다. 1789년의 프랑스 혁명과 더불어 유럽의 지배계층은 급진적 혁명의 가

고드원은 이상주의적 사회개혁론자, 극단적 개인주의적 정치사상가로서 인간의 완성을 방해하는 교회, 귀족, 강제입법 등의 모든 구속을 반대하여 무정부주의의 창시자로 간주된다. 콩도르세는 프랑스의 계몽주의 철학자이며, 프랑스 혁명기에 활약한 진보주의 혁명가이기도 하다. 콩도르세는 인류가 국가 간의 불평등의 분쇄, 계급간의 불평등의 타파, 개인의 향상과 인간성 자체의 무한한 지적·도덕적·신체적 완성의 길로 끊임없이 나아간다고 보았다.

스피넘랜드 제도가 성립된 1795년 당시 영국은 노동력의 이동을 막은 정주법을 완화하였다. 이와 동시에 스피넘랜드 지방에서는 법을 제정하여 노동자들이 일정한 소득 이하를 받게 될 경우 최소한 지정된 소득을 각 교구가 보조해야 한다고 못 박았다. 스피넘랜드 법은 이후 영국의 다른 지방으로 확산되어 기존의 구빈법Poor Laws들을 대체했다. 이 법은 1834년경 서서히 없어졌다.

능성에 전전긍긍하였는데, 이러한 시기에 사유재산이 모든 악(＝빈곤)의 원인이며, 모든 사람에게 적절한 생계수단을 제공할 수 있도록 자원이 보다 평등하게 분배되어야 한다는 주장이 나타나기 시작했다. 영국의 고드원William Godwin과 프랑스의 콩도르세 Marquis de Condorcet가 그 대표적인 인물로서, 이들의 선동적 주장에 당대의 많은 지식인들이 동감을 표시했다.

결국 당대의 유수한 경제학자들도 이 문제에 답하지 않을 수 없게 된다. 대니얼 맬서스Daniel Malthus도 그러한 지식인 중의 하나였다. 하지만 그의 아들 토머스 맬서스Thomas Malthus는 고드원에 대해 온정적인 아버지의 생각을 안일하다고 비판하며 빈곤과 악덕 등의 사회악은 사회발전에서 필수불가결하다는 생각을 피력했다. 자기를 비판하고, 자기와 논쟁하는 아들을 대견스럽게 생각한 아버지는 그 생각을 책으로 쓰도록 격려했고 그것이 《인구론An Essay on the Principle of Population》이다.

산업혁명기를 거치면서 해소되지 않은 빈곤의 누적은 결국 사회적 대응을 등장시켰고, 그 대표적인 예가 1790년대 영국의 버크셔 뉴버리 근처 스피넘랜드 지역에서 도입된 구빈법의 일종인 스피넘랜드 제도다. 이에 따라 스피넘랜드 지역의 빈민들은 최저임금 수준의 실질소득을 보장받을 수 있도록 곡물을 제공받게 되었다. 하지만 맬서스와 같은 지식인들은 이러한 구빈제도에 반대했다.

## 지주는 필요악이다—맬서스

앞에서 이미 살펴보았듯이 애덤 스미스는 시장을 매개로 한 사회적 분업과 공장에서의 분업이 생산성을 높여 주며, 높은 생산성은 노동인구의 증가를 통해 더 많은 생산을 가능하게 할 것이라고 보았다. 그리하여 그는 미래를 낙관하였는데, 자본주의 생산이 확대될 때 노동자의 삶의 조건도 점차 개선되어 빈곤이 점차 축소될 것이라고 보았기 때문이다.

여기서 인구, 특히 노동인구가 생산의 측면에서 국부의 주요 원천인 것은 사실이지만 다른 측면, 즉 비용의 측면도 살펴볼 필요가 있다. 비용의 측면에서는 그 인구를 먹여 살릴 수 있느냐는 문제가 제기된다. 당시 빈곤층의 문제는 꾸준히 논의 되었지만, 인구 증가 여부는 통계적으로 명확하지 않았다. 하지만 팽창하던 자본주의에 포섭되지 못한 유랑민은 물론이고, 자본주의적 생산양식에 포섭된 임금노동자의 생활조차 형편없었다. 이들의 삶의 조건을 결정짓는 요소는 바로 인구였다.

이에 따라, 생산 측면이 아니라 비용 측면에서 노동인구의 수가 가진 의미를 파헤친 것이 맬서스의《인구론》이다. 이 책에서 맬서스는, 식량보다 인구가 더 빨리 증가하므로 빈곤이 창궐한 것이라고 주장함으로써 당대의 빈곤과 빈부격차에 대한 사회적 논쟁에 불을 질렀다. 그에 의하면 식량은 1, 2, 3, 4배로 증가하는 산술급수적 증가를 보일 뿐인데 반해 인구는 1, 2, 4, 8, 16, 32라는 기하급수적인 증가를 하므로 급격하게 인구를 줄일 수 있는 도덕적 억제가 없다면 하층계급은 비참과 빈곤에서 벗어날 수 없게 된다는 것이었다.

물론 장기적으로 볼 때 하층계급의 비참과 빈곤은 자동 조절된다. 과잉인구는 사회에서 흡수할 수 있는 것보다 더 많은 과잉노동공급을 의미하므로 저임금을 초래하고, 저임금은 아사를 낳고, 아사는 하층계급의 수를 줄이기 때문이다. 따라서 맬서스는 간단한 수요공급법칙을 노동시장에도 적용함으로써 임금은 노동자의 생존수준에서 벗어날 수 없다는 임금 철칙을 제시하였다. 비록 맬서스의 인구법칙은 극보수주의적 함의로 인해 논란의 대상이 되었지만, 당대의 경제학자들은 노동인구의 임금은 생존수준 이상 오를 수 없다는 맬서스의 생각을 공유했다.

이 때문에 맬서스는 1805년 동인도회사 대학의 경제학 교수가 되었지만, 당대의 지식인 사회에서는 악명 높은 인기를 누렸다. 반면 또 다른 당대의 정치경제학자인 리카도David Ricardo는 존경심 가득한 인기를 누렸다. 리카도는 이후 하원의원으로 공직에 봉사하였고 언론과 자유의 결사를 지지하고 급진적 개혁에 찬성하였다. 그런데도 리카도는 주식 거래인으로 주식투자를 통해 엄청난 부자가 되었고, 나중에 스스로 토지를 구매해서 지주가 되었다. 두 사람은 우호적인 친교를 유지했지만, 이론적으로는 팽팽히 대립했다.

식량보다 인구가 기하급수적으로 증가하니... 이를 어쩐다

배고파

맬서스

으앙~배고파

배고파

하층계급의 비참과 빈곤은 어느 정도 자업자득이며 또 시간이 지나면 결국 해소될 자연법칙이므로 하층계급을 위한 무료급식, 빈민 구호 등은 불필요하다는 주장이다.

19세기 지주의 모습을 풍자한
그림

　그러한 대립 중 하나가 리카도에 의해 묵살되었지만 이후의 경
제학, 특히 케인스에 의해 재발견된 '일반적 과잉생산general gluts
의 가능성'이라는 문제였다. 맬서스는 목사였지만 지주계급을 옹
호하였는데, 이를 옹호하는 과정에서 자본주의의 과잉생산 경향
에 주목했다. 맬서스는 자본주의가 그 자신이 소비할 수 있는 것
보다 더 많이 생산하는 경향이 있다는 점을 발견했다. 그리고 이
발견을 지주에 대한 이론적 지지와 결합시켰던 것이다. 맬서스에
의하면 노동자는 생존임금밖에 받을 수 없고, 자본가는 끊임없는
축적을 목적으로 하기 때문에, 생산하지 않고 소비하는 계급이
없다면 자본주의는 전반적 과잉생산이라는 모순에 빠지게 된다.
생산하지 않고 소비하는 계급은 누구인가?

그것은 바로 지주다! 지주가 비생산적이고, 쓸모없는 토지의 독점적 소유자라는 대중의 인상과는 반대로, 맬서스는 자본주의의 원활한 재생산을 위해 지주가 필수적인 존재(필요악으로서)라고 생각했다. 이에 대해 그 자신이 지주면서도, 지주계급을 못마땅하게 생각했던 리카도는 격렬히 반박했다. 리카도는 지주의 비생산적 기능이 자본주의에서 나름 역할이 있다는 점을 논박하기 위해 자본주의의 일반적 과잉생산은 불가능하다고 못 박았다. 왜냐하면 생산한 것은 결국 소비되기 마련이니까. 소비하지 않는다면 왜 생산하느냐는 것이었다.

### 자유무역주의의 시작—리카도

이러한 리카도의 논박은 당시에도 리카도의 판정승이었지만 향후 주류경제학을 지배하는 주요한 원리가 되었다. 이는 프랑스의 경제학자 장 밥티스트 세Jean Baptist Say의 이름을 따서 '세의 법칙Say's Law'이라고 명명되었다.

맬서스가 걱정한 것은 생산만 하고 소비하지 않는 사태였다. 생산한 것을 저축하여 남겨둘 가능성이 있었기 때문이다. 어차피 노동자는 저축을 할 수 없으므로 자본가의 축적 성향이 문제였다. 자본가는 역사적으로도 축적을 소명으로 인식하고 있었으며, 자신의 소비가 생산물 중 노동자의 임금을 제한 이윤보다 훨씬 적다. 따라서 자본가는 저축을 하게 되며, 저축한 만큼 소비를 할 수 없게 된다. 결국 생산물이 적절한 소비처를 찾지 못하여 저축액만큼 과잉생산이 일어난다고 본 것이다.

하지만 세는 생각이 달랐다. 세의 반박은 왜 저축을 하느냐는 것이었다. 저축하는 것은 나중에 소비를 하려는 것이며, 관찰 시점을 장기로 늘려 보면 결국 저축은 소비가 된다는 것이다. 따라서 일시적으로 시장경제가 과잉생산에 빠질지는 모르나, 장기적으로 봐서 결코 과잉생산은 있을 수 없다고 보았다. 요컨대 세의 반박은 정치경제학은 일시적인 과잉생산 같은 것에 관심을 둘 것이 아니라 생산하고 소비한 후의 결과, 즉 분배에 주목해야 한다는 것이었다.

이러한 생각은 이후 리카도의 이론 체계에 중요한 전제로서 작용했다. 리카도의 이론 체계는 소비영역에 해당하는 일반적 과잉생산과 같은 주제가 아니라 생산영역의 가치론과 지대론 같은 분배영역의 이론으로 구성된다. 하지만 리카도의 이론을 살펴보기 전에 여기서는 과잉생산 가능성에 대한 맬서스와의 접점을 하나만 더 살펴보자.

그 접점은 맬서스가 지주계급을 지지하고, 리카도가 산업자본가 계급을 지지했다는 것과 관련된다. 당시 영국에서는 자본주의가 발전하면서 경제학자들이 예견한 바와 같이 곡물생산량이 노동자의 소비량을 못 따라가는 사태가 일어나고 있었다. 따라서 영국산 밀 가격이 올랐고, 나폴레옹 전쟁과 같은 일시적 사건 속에서는 가격이 급등하는 사태도 일어났다. 그러자 영국은 유럽 대륙으로부터 싼 곡물을 수입하게 되었는데, 이는 지주의 이익을 크게 침해했다. 당시 지주들은 의회를 장악하고 있었으므로, 1815년 곡물법을 만들어서 외국산 곡물의 수입을 제한하게 된다. 이로 인해 영국 내 곡물 가격이 상승하여 노동자에게 생존임금을 지불해

1846년의 반곡물법동맹 회의

야 했던 자본가는 급격한 비용 상승을 겪었다. 따라서 자본가 계급은 곡물법을 자본축적의 큰 장애로 간주하여, 철회해야 한다고 주장하게 된다. 이 주장은 애덤 스미스의 자유무역주의와 일맥상통하였고, 리카도도 이를 지지하였다. 곡물법 논쟁에서 리카도는 이론적으로 맬서스에게 이겼지만, 실제로 곡물법이 폐지된 것은 그로부터 30년이 지나서였다. 왜냐하면 곡물법은 지주계급의 지지를 받고 있었는데, 이 지주계급이 의회를 지배하고 있었기 때문이다. 그러나 이 논쟁의 이론적 맥락은 이후 맬서스와 리카도의 이론 체계와 긴밀히 관련된다.

리카도는 《정치경제학과 과세의 원리On the Principles of Political Economy and Taxation》에서 이 문제를 다룬다. 리카도의 책에서 다룬 주제가 애덤 스미스의 그것과 크게 달라지는 부분은 계급 간 분배의 문제에 대한 부분이다. 그래서 리카도는 이 책의 서문을 다음과 같이 썼다.

대지의 생산물, 즉 노동, 기계류와 자본의 결합으로 대지에서 만들어지는 것들은 사회의 세 계급인 토지의 소유자, 그것을 경작하는데 필요한 재산 또는 자본의 소유자, 자신의 노동에 의해서 토지를 경작하는 노동자 사이에서 분할된다.

리카도는 이 분배를 규제하는 법칙을 확정짓는 것이 정치경제학의 주요 문제라고 보았다.

리카도는 노동자가 자신의 생존 수준의 임금만을 받을 것이라는 점, 그리고 자본가는 생산물의 판매로부터 나온 수입에서 비용(그 비용의 주된 구성요소는 노동자의 임금이다)을 뺀 이윤을 배분받는다는 점에 대해서는 애덤 스미스의 생각을 그대로 이어받았다. 하지만 지주에 대해서는 전혀 다르게 평가했다. 앞서 맬서스가 지주의 지대는 자신의 검약에 대한 대가라고 주장한 반면, 리카도는 지주의 지대는 토지가 가진 특수한 비옥도의 차이에 근거를 둔 보수라는 입장을 보였다. 이러한 비옥도의 차이는 모두 지주에게 분배되는데 그것이 지대라는 것이다. 왜 지주가 그 차이를 모두 가져가는가? 그것은 토지로부터 나오는 농산물의 가치가 가장 열악한 토지의 생산성에 의해 결정되기 때문이다. 그보다 약간이라도 더 비옥한 토지는 더 많은 농산물을 산출하게 될 것이며 이는 곧 더 많은 이익을 의미한다. 하지만 이러한 이익은 자본가가 가져갈 수 없다. 높은 이윤이 발생하면 자본이 이동하여 자본가의 투자이윤은 같아지므로, 자본가는 사회적 평균 이상의 이윤을 획득할 수 없기 때문이다.

리카도는 이를 차액지대라고 부른다. 이러한 차액지대론은 당대의 고전학파 정치경제학자들이 공유하고 있던 가치론인 노동가치론의 산물이면서, 동시에 자본주의 미래에 대한 비관론의 근거가 된다. 자본주의적 생산이 심화된다고 해보자. 이에 따라 인구가 늘어나고 곡물의 수요가 늘어난다면 결국 토지생산성이 더

욱 낮은, 즉 비옥도가 더욱 낮은 한계지를 계속 경작해야만 할 것이다. 그런데 농산물의 가치를 결정짓는 것은 바로 이 한계지에서 생산된 농산물의 가치다. 따라서 농산물 가격은 점차 오르게 된다. 물론 보다 비옥한 토지는 동일 면적당 더 많은 농산물을 산출하겠지만, 그 차이로부터 나오는 이득은 모두 지주가 가져간다. 자본주의가 발전하면 할수록 지주는 더 많은 이익을 향유한다. 결국 노동자의 임금은 화폐 금액으로는 증가했을지 모르나 곡물의 양으로 측정한 실질적인 임금은 생존임금 수준에 머무르고, 보다 높은 명목임금을 노동자에게 지불하고 농토의 비옥도의 차이는 지주에게 지대로 지불해야 하는 자본가는 점차 낮아지는 이윤율을 목도한다. 이윤율은 자본가에게 축적, 즉 재투자의 유인이므로 낮은 이윤율은 낮은 축적 유인이 된다. 낮은 축적은 낮은 성장을 의미한다. 결국 자본주의는 시간이 가면 갈수록 침체하게 될 것이다. 이를 '정체상태stationary state'라고 한다.

　이러한 리카도의 논리로부터 우리는 앞에서 살펴본 곡물법 논쟁의 이론적 실마리를 찾을 수 있다. 곡물법에 반대한 리카도에 따르면, 외국에서 싼 농산물을 수입하여 노동자의 명목임금을 낮춰야만 자본주의가 정체되는 것을 막을 수 있다는 결론을 내릴 수 있다.

　애덤 스미스와 데이비드 리카도는 고전파경제학자 중 가장 이론적인 경제학자였다고 할 수 있다. 왜냐하면 이들은 자본주의의 미래를 자본주의의 깊은 곳에 존재하는 작동 원리, 즉 가치 개념으로부터 설명했기 때문이다. 그러나 이들의 가치론, 즉 노동가

치론은 향후 큰 논쟁의 대상이 되었고 수많은 경제학자들의 땀과 종이, 잉크를 낭비시켰다. 생산되고 유통되는 상품의 가격은 그 배후에 투입된 노동량에 의해 가치가 결정된다고 믿는 생각이 노동가치론이다. 애덤 스미스는 투입된 노동량이 가치를 결정한다는 생각을 끝까지 밀고 나가지 못했다. 하지만 리카도는 그 생각을 비교적 일관되게 관철시켜 나갔으며, 이 이론에 기초하여 분배이론과 자본주의의 미래에 대한 예측도 일관되게 해 나갔다.

마지막으로 리카도의 이론 중에서, 후대에도 계속 맹위를 떨쳤던 이론이 비교우위론에 기초한 자유무역이론이다. 자유무역주의는 애덤 스미스의 자유방임주의와 공유되는 부분이다. 애덤 스미스는 한 나라 내에서 시장을 자유롭게 하면 모두에게 유익하다는 점을 강조했고, 리카도는 이를 국제무역에도 관철시켜 그 논

한 나라가 절대적으로 더 싸게, 더 잘 만드는 생산물을 서로 특화해서 교역하는 것이 이익이라는 점은 명확하다. 그런데 모두 더 잘 만드는 나라조차도 상대적으로 더 잘 만드는 제품을 특화한다면 더 이익이 된다. 이러한 후자의 특성을 비교우위론이라고 하고, 비교우위 상품을 집중적으로 생산하는 것을 비교우위에 있는 제품에 특화한다고 한다.

WTO(World Trade Organization)는 1995년 1월에 출범하여 1947년 이래 국제무역질서를 규율해 오던 '관세 및 무역에 관한 일반협정(GATT)' 체제를 대신하게 되었다. WTO는 지금까지 GATT에 주어지지 않았던 세계무역 분쟁조정, 관세 인하 요구, 반덤핑규제 등 막강한 법적권한과 구속력을 행사하게 된다. 한편 WTO 협정이 개발도상국과 반세계화 세력의 반발로 저항에 부딪히자, 양자 간 자유무역협정인 FTA(Free Trade Agreement)가 활발하게 진행되었다.

리를 애덤 스미스보다 더 세련되게 다듬었다. 자유무역주의는 자유방임주의 사상과 밀접하게 관련되면서 오늘날까지 영향력을 행사하고 있다. WTO, FTA에 관한 논의가 모두 비교우위론에 근거하고 있기 때문이다.

자본주의의 미래를 낙관적으로 봤던 애덤 스미스로부터 불과 몇 십 년이 지난 후였지만, 이때의 정치경제학자들은 자본주의의 미래를 낙관하지 못했다. 맬서스는 빈곤의 확산을, 리카도는 자본주의적 축적의 정체를 예견하였다는 점에서 문제의 내용은 달랐으나 비관적으로 미래를 봤다는 점에서 공통점을 가지고 있다. 이에 영국의 역사가 토머스 칼라일Thomas Carlyle은 경제학을 '음울한 과학the dismal science'이라고 불렀다. 이는 당시의 불운한 시대상을 반영한다.


## 3. 고전학파 경제학에 대한 도전

### 영국 자본주의의 발전과 오언의 공동체 운동

새로이 등장한 자본주의가 생산력의 증대를 가져왔다는 점은 발전과 진보의 관념을 물질적으로 보여주는 것이다. 하지만 그 이면에는 소득분배의 악화, 즉 빈부격차의 심화라는 문제가 있었다. 이러한 경제·사회적 문제는 새로운 사회체제에 대한 관심을 불러일으켰고, 많은 사상가들이 이상적인 사회를 상상하기 시작했다.

이상사회를 영어로 '유토피아Utopia'라고 한다. 유토피아란, 모

든 것이 완벽한 사회로서, 현실에 존재하지 않는 공상의 산물이
다. 현실이 어려우면 그러한 현실을 탈출하려고 할 것이다. 하지
만 어디로? 탈출의 방법은 현실의 문제에서 출발할 수도 있지만,
현실이 너무나 큰 벽이라면 백일몽이라고 할 만한 공상을 통해서
시도해볼 수도 있을 것이다. 그러한 시도를 한 역사적 인물로 토
머스 모어Thomas More가 있다. 그는 애덤 스미스가 태어나기 훨
씬 전의 사람이다.

그는 1516년 《유토피아Utopia》란 책을 써서 당시 영국에서 유
행했던 1차 인클로저 운동을 비판했다. 이 책에서 모어는 "양은
온순한 동물이지만, 영국에서는 양이 사람을 잡아먹는다"는 유

명한 표현을 썼다. 또 그는 이 책에서 몇 가지 놀라운 주장을 펼쳤다. 사유재산제도 폐지, 모든 재산의 공동소유, 6시간 노동제, 필요에 따른 분배, 공동식당, 집단교육. 하지만 이러한 내용은 하나의 상상적 산물이었다. 그래서 모어를 공상적 사회주의자의 효시로 부르기도 한다.

자본주의가 가져온 새로운 사회 문제는, 자본주의에서 지배적인 생산방식으로 자리 잡은 공장제 기계공업이 더 이상 숙련노동을 필요로 하지 않고 열악한 작업환경에서 단순반복 노동만을 요구했기 때문에 발생했다고 볼 수 있다.

부모로부터 버림받은 7~14세의 아동들은 공장에서 하루 열다섯 시간씩 중노동에 시달려야 했다. 1833년의 조사에 의하면 맨체스터 면 공장 43곳에서 13세 이하 아동 노동의 비율이 남자아이의 경우 30퍼센트, 여자아이의 경우 18퍼센트에 달했다. 산업혁명은 결국 새로운 사회 계급인 노동자계급을 만들었다. 이러한 노동자계급은 이전의 무산자 계급과도 달랐다. 왜냐하면 공장이라는 단일한 거대 직장에서 동일한 노동을 하고, 동일한 근로조건 속에서 생활하는 계층이었기 때문이다. 단순한 무산자, 실직자들은 사회적으로 결집할 수 없었고, 따라서 사회세력이 될 수 없었으나, 공장노동자들은 수적 우세, 근로조건과 노동과정의 동질성, 게다가 사회주의를 지지하는 지식인 운동가의 도움에 힘입어 새로운 계급적 정체성을 확보할 수 있었다.

하지만 노동자들은 처음에 자신의 어려운 처지가 무엇에 기인하는지 몰랐다. 처음에는 기계가 원인이라고 생각했다. 그래서 기계가 분풀이의 대상이 되었다. 1779년에 일단의 노동자들이 공장을 급습한 적이 있었고, 1811년부터 기계를 파괴하는 기계 파괴운동, 일명 러다이트 운동(1811∼1817)이 영국에서 폭발했다. 러다이트Luddites란, 기계 파괴운동을 벌인 전설적인 인물인 '네드 러드Ned Ludd'라는 사람의 이름에서 따온 말이다. 하지만 기계는 자본주의의 불가피한 부속물일 뿐이었다. 따라서 기계 파괴운동은 사회운동으로서 자리 잡을 수 없었다.

하지만 영국의 노동자들은 이러한 시행착오를 통해 착실히 자신의 권익 옹호를 위한 운동을 전개하기 시작했다. 노동자들의 사생활 보호와 시민 권리 확보를 위해 사상과 운동의 도움으로, 남자의 보통선거권 등을 요구하는 〈인민헌장〉 6개 조를 내걸고 의회개혁을 요구한 차티스트 운동, 여성의 선거권 요구 운동, 사회주의 운동 등이 싹 트기 시작했던 것이다.

영국의 노동운동의 발전에 큰 계기가 된 사람은 로버트 오언

1838년부터 약 10여 년 동안 남성의 보통선거권, 균등한 선거구 설정, 비밀투표, 매년 선거, 의원의 보수지급, 의원 출마자의 재산자격제한 폐지 등을 담은 〈인민헌장 People's Charter〉의 요구조항을 실현하고자 한 청원 운동이다. 대중적 지지를 기반으로 활발하게 활동하였으나 무력저항 및 평화적 청원은 모두 진압되거나 묵살당했다. 하지만 이 운동의 정신은 살아남아 이후 대부분의 요구조항은 실현된다. 차티스트 운동은 그 성격과 규모 면에서, 영국의 새로운 산업 질서의 산물인 사회적 불의에 대항해 일어난 최초의 전국적인 노동계급 운동이었다.

차티스트 운동

〈산업혁명기 영국의 아동 노동 실태〉(1830년의 아동 노동 실태 조사 보고서)를 보면 호황기에 소녀들은 새벽 3시에 공장에 가서 밤 10시 또는 10시 30분에 일을 마쳤다. 19시간 근로시간 중 휴식 시간은 아침 식사 15분, 점심 식사 30분, 저녁 식사 15분에 불과했다. 만약 지각을 하면 급료의 4분의 1이 깎이는 쿼터를 당했다.

Robert Owen이다. 오언은 평범한 노동자였지만 뛰어난 수완으로 공장장이 되었고, 곧이어 뉴래너크 지방에서 새로운 공장을 인수하여 크게 성공한 사업가가 되었다. 그런데 이 공장은 당시의 열악한 근로조건과 비교하여 매우 독특한 운영체제를 가지고 있어, 얼마 되지 않아 세계적으로 유명한 명소가 되었다.

1815년에 시작한 뉴래너크 운동은 전 세계의 지식인, 권력자들이 방문하여 감동을 받고 되돌아가는 유토피아적 몽상을 현실화시킨 운동이었다. 당시 영국의 하루 평균 근로시간은 대체로 16시간 이상이었는데, 이 공장은 11시간 노동으로 대체하였다. 물론 오늘날의 관점에서 보자면 11시간 노동도 엄청난 노동 강도이기는 하지만 당시에는 19시간의 노동이, 그것도 아동 노동이 예사로 행해지고 있었다. 그리고 노동자의 숙박시설은 공장 바로 옆에 붙어 있어, 가족들은 자연히 공장에서 같이 노동하게 되었다. 오늘날과 같이 어린이는 학교 가고, 부인은 가정에서 밥을 짓는 그런 상황은 꿈도 꿀 수 없었다. 하지만 이 공장에서는 어린이를 노동시키지 않고 학교에 보내 공부시켰다. 오언은 노동시간 단축과 아동노동 폐지라는, 당시로서는 매우 혁신적인 노동환경을 제공한 것이다.

오언의 명성은 영국 전역에 알려졌다. 그리하여 영국에서 1816~1820년 밀어닥친 과잉생산과 불황으로 인한 빈곤문제를 해결하기 위해 위원회가 만들어졌을 때, 위원회는 오언을 불러 좋은 의견을 듣고자 했다. 이때 오언은 800~1,200명으로 구성된 협동마을 건설을 제의하였다. 물론 위원회는 엄청난 규모의 자금이 소요되는 오언의 이런 제의를 받아들일 수 없었다. 이 협동마을은 오늘날의 키부츠와 코뮌과 비슷한 형태로, 생산단위 공동체 운동의 효시라고 할 만하다. 오언의 이 제안은 단순히 황당한 것이 아니라, 그 자신이 실천한 바로 그 공장에서 현실성을 확인한 것이었다. 따라서 오언은 영국에서 자신의 주장이 받아들여지지 않자, 1826년 미국으로 건너가서 자신의 재산으로 현재의 인디애나 주에 '뉴하모니'라는 공동체를 건설하였다. 하지만 이 공동체 실험은 공동체 내부의 내분으로 실패로 돌아갔다.

오언은 1828년 영국으로 다시 돌아와서 노동계급의 연합을 시도하였다. 오언의 가르침을 받아 생산자 협동조합과 소비자 협동조합 운동이 전개되었으며, 소비자 협동조합은 이후 영국노동당

키부츠는 이스라엘의 집단공동체다. 재산은 모두가 공유하며 소득이 생기면 주민들의 의식주와 복지, 의료 활동 등에 쓰고, 남는 것을 키부츠에 재투자한다. 성인들은 개인 숙소에서 생활하고 공동요리, 공동식사 및 공동탁아와 교육을 수행한다. 민주적이고 평등한 운영을 통해 이스라엘 사회에 큰 영향을 끼치고 있다. 반면 코뮌 commune(지역공동체)은 중세 남유럽 각지에서 나타난 시민들의 연대에 의한 자치공동체에 기원을 둔다. 이후 프랑스 공화국의 가장 작은 행정구역의 이름으로 쓰였다. 프랑스어 commune은 '공동생활을 함께 나누는 사람들의 작은 모임'을 뜻하는 중세 라틴어 communia에서 왔다.

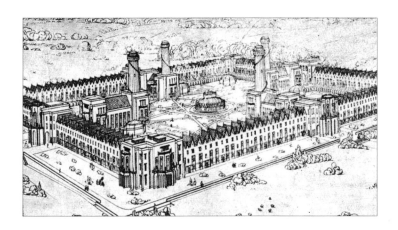

뉴하모니

의 주축 세력이 되었다. 오언의 정신은 계속 이어져 1833년 영국 노동자계급이 전국노동조합 협의회로 연합하게 된다. 이 같은 역사적 전통으로 인해, 영국의 노동운동과 사회주의는 유럽 대륙의 노동운동과 사회주의와 다른 발전 궤적을 남기게 된다. 대륙의 노동운동이 이념 지향적, 정치 지향적인 것에 비해 영국의 노동운동은 실용적인 특징을 갖는다.

1930년대의 경제사회학자인 칼 폴라니Karl Polanyi는 자신의 저서에서 오언을 다음과 같이 평하고 있다.

그는 그의 동네 공동체들로부터 '사회의 핵심'을 발견하였으니, 지금 즉시 사회를 그것으로부터 새롭게 시작해야 한다는 것이었다. 이렇게 대담하고 자유로운 상상력의 흐름이야말로 천재의 특권이다. 이런 자들이 없다면 인류는 스스로에 대해 제대로 이해할 수도 없었을 것이고 이 지상 위에 존재할 수도 없을 것이다.

칼 폴라니,《거대한 전환The Great Transformation》, 홍기빈 옮김 (길, 2009)

### 프랑스의 공상적 사회주의자들

사회개혁이 비교적 온건하게 진행된 영국과 달리 프랑스는 격렬한 사회혁명을 겪었다. 이는 자연히 노동운동의 과격화를 유도했고, 노동운동에 기초한 사회주의 역시 급진적이면서 공상적이었다. 당시에는 사회주의라는 용어 자체가 자본주의의 모순을 벗어난 사회에 대한 백일몽의 성격이 강했다. 원래 사회주의라는 말은 '인간에게 사회성이 있다'는 차원의 포괄적인 의미를 지니고 있었지만, 노동운동과 결합하면서 자본주의의 조직 원리인 개인주의와 자유방임주의에 반대하는 의미를 지니게 되었다.

그러나 사회주의가 지금 현대에서처럼 사적 소유의 철폐, 계획경제 및 소득의 평등한 재분배 등의 의미로 사용되기까지는 마르크스의 등장을 기다려야 했다. 마르크스 이전의 사회주의, 즉 공상적 사회주의의 대표자로는 생시몽Claude Henri de Rouvroy Saint-Simon을 들 수 있다. 생시몽은 공장을 미래 사회의 비전으로 보았다는 점에서 오언과 일맥상통한 면이 있다. 하지만 생시몽은 동네 공동체보다 큰 사회 전체를 재조직하는 데 관심이 있었다. 그리하여 모든 사회를 공장과 같이 조직하되, 일하는 자에게 그에 맞는 보상을 해야 한다는 유토피안주의를 펼쳤다.

한편 푸리에Charles Fourier 역시 공상적 사회주의자로서 공동체주의를 역설했다. 푸리에가 주장한 생산 공동체는 팔랑스테르라고 불리었다. 푸리에는 이 유토피아를 조화로운 협력에 입각한 자발적 사회로서, 자유롭고 매혹적인 노동공동체로 불렀다. 팔랑스테르에서는 사람들의 적성과 취향에 맞게 하루에도 일곱 번 이상의 다른 일을 할 수 있으며, 생산된 부는 그 사회에서 필요에 따라 분배되고, 가족 공동체는 부정된다. 이는 수백 만 프랑의 투자를 필요로 했는데, 이 제안은 놀랍게도 현실에서 실험되기도 했다. 그 예로 미국에 40개의 팔랑스테르가 건설되어, 오언 공동체와 합치면 총 178개의 공동체가 건설되었다고 한다.

마르크스에 따르면 생시몽은 빈부격차에 대해서는 비난했으

팔랑스테르(phalan-stères : 밀집방진 모양의 주택단지)는 집단, 공동체를 뜻하는 '팔랑주'와 수도원을 뜻하는 '모나스테르'의 앞과 뒤를 따서 만든 말이다.

나 그 문제를 해결할 수 있는 구체적 대안을 제시하지는 못했다.

공상적 사회주의자들은 계급투쟁의 발전되지 않은 형태와 자신의 생활 처지로 말미암아 계급 대립을 완전히 초월해 있다고 믿는다. 그들은 모든 사회 성원들의 생활 처지를, 또한 가장 좋은 처지에 있는 성원들의 생활 처지도 개선하려고 한다. 그러므로 그들은 아무런 차별도 두지 않고 사회 전체에, 아니 그중에서도 특히 지배계급에게 호소한다. 그들에 따르면 사람들이 그들의 이론을 이해하기만 하면 그 이론을 있을 수 있는 가장 좋은 사회에 대한 있을 수 있는 가장 좋은 계획이라고 인정하게 될 것이다.

마르크스·엥겔스, 《공산당선언*Manifest der Kommunistischen Partei*》, 이진우 옮김(책세상, 2006)

당시 가장 유력한 사회주의자는 프루동Pierre Proudhon이었다. 프루동은 《재산은 무엇인가*What Is Property?*》라는 책에서 재산은 도적질이라고 하여 사유재산제와 자본주의를 강력히 비판하고, 화폐 없는 노동의 교환 사회를 이에 대한 대안으로 제시했다. 프루동이 보기에 사유재산제와 자본주의는 모든 악의 근원이고, 그 근원의 근원은 화폐의 발명과 유통에 있었다. 따라서 화폐를 상품교환의 틀 안에서 없애버리면 만병의 근원을 없앨 수 있다고 생각했던 것이다.

마르크스는 이에 대해 화폐가 상품사회의 관계에서부터 필수적으로 등장한다는 사실을 이해하지 못한 순진한 인식이라고 프

프루동

루동의 사회주의를 비판하였다. 그러나 프루동은 생시몽이나 푸리에와 비교할 때, 공장의 연장으로서의 사회라는 관점에서 탈피하여 인간의 조직물로서의 사회라는 독자적인 사고를 하였으므로 앞의 사회주의자들보다는 한 걸음 더 나아간 셈이다. 프루동은 최소한 생산 공동체를 여럿 만들어서 이를 사회로 확장함으로써 점진적으로 사회주의를 만들 수 있다는 식으로 생각하지는 않았던 것이다.

현대에 와서는 마르크스주의로 대표되는 사회주의가 현실적으로 패배함에 따라 프루동식 사회주의가 또다시 각광받고 있는 듯하다. 즉 프루동을 국가와 시장의 이중적 진자 운동에서 탈출할 수 있는 사회라는 개념을 발견한 진정한 사회주의자로서 주목하고 있는 것이다.


프루동은 사유(私有)에 반대함과 동시에 많은 사회주의자가 주장하는 공유[國有]도 반대했습니다. 그가 사유와 국유라는 대립을 넘어서, 그 어느 쪽도 아닌 소유형태로서 발견한 것이 상호성입니다. 이것은 국가적 재분배가 아닐 뿐만 아니라 공동체의 호혜와도 다릅니다. 그것은 오히려 시장적 교환과 닮은 것입니다. 그러므로 거기에는 경쟁이 있고 자유가 있습니다. 그럼에도 불구하고 그 시스템은 빈부의 격차나 자본-임노동의 대립관계를 야기하지 않는 것이어야 합니다. 그것은 구체적으로는 어떤 시스템일까요?

첫째로 그것은 생산자 협동조합입니다. 거기에서는 전원이 노동자임과 동시에 경영자입니다. 그러므로 임노동(노동력 상품)은 지양되어 있습니다. 둘째로 대체화폐·신용화폐 등의 창출입니다. 이것은 '화폐의 왕권'을 폐기하는 것입니다. 프루동에 따르면 진정한 민주주의는 정치적 레벨에서뿐만 아니라 경제적 레벨에서도 실현되지 않으면 안됩니다. 요컨대 프루동이 생각한 것은 국가와 자본주의 시장경제로부터 자립한 네트워크 공간을 형성하는 것입니다.

가라타니 고진,《세계공화국으로》, 조영일 옮김(도서출판b, 2007)

## 독일의 대응

마르크스의 고향이기도 했던 독일은 산업자본주의가 영국, 프랑스보다 늦었다. 이는 독일의 통일이 늦어진 상황에 연유한 것이기도 하다. 이렇듯 자본주의의 후발성으로 인해 독일의 경제학은 매우 방어적으로 변했다. 사실 애덤 스미스의 자유방임주의는 자본가들의 자신감 발로로 볼 수도 있다. 즉 이제 더 이상 국가의 간섭(즉 지원)이 불필요하고, 상인과 자본가들이 알아서 헤쳐 나가겠다는 선언인 것이다.

하지만 당시 독일은 이제 막 자본주의가 출현하고 있었고, 공장제 역시 영국에 비해 훨씬 늦었다. 따라서 독일은 이러한 상황에서의 자유무역은 선진국인 영국에의 일방적 수탈밖에는 되지 않을 것이라는 고민을 했다.

독일의 국민경제학자인 리스트Friedrich List는 이러한 고민의 결과로 보호주의를 주장하였다. 물론 그도 독일 내에서는 자유무역을 해야 한다고 주장했다. 왜냐하면 당시 독일은 아직도 여러 연방으로 분열되어 있어 독일 내의 상업거래에서도 통행세를 내는

중세 유럽의 다른 나라, 특히 프랑스에 비해 독일은 절대왕정의 형성이 늦었다. 독일의 봉건제도가 신성로마제국의 형태로 오래 유지되어 통일적인 민족국가 형성에 방해물이 되었기 때문이다. 물론 독일 내 가장 큰 제후국이었던 프로이센을 중심으로 통일운동이 시작되긴 했지만 통일은 느슨한 연방제 형태로 형성되어갔다. 그리하여 통일된 민족국가를 형성한 영국, 프랑스와 달리 독일은 300개 이상의 연방제후국들로 분열되어 정치적으로뿐 아니라 사회, 경제적으로도 낙후성을 면치 못했다. 각 지방들은 각각의 관세를 유지하고 있었으며, 이는 독일경제의 발전에도 큰 방해가 되었다.

등 자본주의의 국민적 시장 형성에 장애가 많았기 때문이다. 하
지만 리스트는 선진국, 특히 영국과의 무역에서는 보호주의가 필
요하다고 보았다. 만약 독일과 영국이 아무런 견제 없이 교역한
다면, 독일에서 막 자라고 있는 자본주의의 씨앗이 없어질 것을
우려한 것이다.

리스트

리스트는 《정치경제학의 국민적 체계Das nationale System der
politischen Ökonomie》에서 정치적 민주주의, 상공업의 발전, 국민
국가(근대민족국가)의 형성이라는 18세기 말 독일 경제의 과제
를 인식하였다. 리스트는 통일되기 전의 분열된 독일에서 각 주
(州) 간 관세 철폐를 주장하는 자유무역론자였고, 이 주장으로 독
일에서 탄압받고 투옥되기도 했다. 미국으로 피신한 리스트는 그
곳에서 여러 경제 사상을 접하게 되었고, 다시 독일로 돌아왔을 때
는 보호무역주의자가 되어 있었다. 그는 자유무역주의는 영국자
본주의의 이익을 위한 것이라고 주장했는데, 이러한 리스트의 주
장은 후발자본주의 국가인 독일의 국가적 이해와 맞아떨어졌다.

리스트는 선진국의 자유무역론을 '사다리 걷어차기'에 비유했
다. 애덤 스미스와 데이비드 리카도의 자유무역론은 보편적인 이
론이 아니라 산업선진국인 영국에만 맞는 특수한 이론이라는 것
이다. 즉 자유무역은 후진국을 그 상태로 묶어두기 위한 그럴 듯
한 논리에 불과하다는 것이다.

리스트의 보호주의는 후발자본주의 국가의 국가이데올로기라
고 볼 수 있다. 보호주의나 시장개방은 국내 세력의 소득 재분배
를 초래할 것이기 때문에 해당 국가의 발전 수준에 따라 다른 목

소리가 나오게 된다. 일례로 미국은 초기 산업화 단계에서 리스트의 생각과 동일한 주장을 폈다. 미국식 용어로 리스트의 보호주의는 '유아산업보호론infant industry'으로 표현되었다. 오늘날에도 자유무역이론과 보호주의는 경제학계에서 커다란 논쟁의 대상이다. 우리나라에도 리스트의 견해와 유사한 입장에서 산업정책을 옹호하는 논의가 출간되어 많은 독자들에게 읽히고 있다.

### 다시 영국으로

이제 무대를 다시 영국으로 돌려보자. 산업혁명과 더불어 새로이 형성된 노동계급은 오언과 같은 이상적 사회주의의 영향

하에 전국적 조직을 결성하고, 격렬한 참정권 운동을 계기로 노동운동을 점차 활성화, 조직화하기 시작했다. 또한 대륙에서 출발한 사회주의 운동은 마르크스와 엥겔스Friedrich Engels에 의해 이른바 공산주의 운동으로 재정립되어 격렬한 재편 과정의 와중에 놓였다.

이러한 당시의 상황은 결국 애덤 스미스와 맬서스, 리카도 등으로 대표되는 고전파경제학이 공상적, 과학적 등 다종다양한 사회주의로 대표되는 '지하세계'의 도전을 받게 되었다는 것을 의미한다. 물론 고전파경제학이 무조건 낙관주의를 지지한 것은 아니었다.

하지만 애덤 스미스는 인간의 이기적 욕망이 결국 사회적 부를 증가시키고 이는 다시 노동계급의 실질 소득을 증대시키는 선순환 구조를 가질 것이라고 낙관했다. 이는 산업혁명이 본격화되기 전의 목가적 관찰에 기초한 것이었고, 산업혁명이 전개되면서 빈부의 격차, 노동운동의 격화, 주기적 경기순환 등 자본주의 체제의 역동성이 문제점을 야기하고 있다는 사실이 명백해졌다.

이러한 문제점은 스미스 이후의 고전파경제학자들에게 어떻게 반영되었을까? 대표적으로는 맬서스와 리카도의 우울한 결말을 들 수 있다.

밀

고전파경제학자들 스스로가 비관적인 전망을 가졌다는 것과 당시의 사회·정치적 상황이 격렬했다는 점은 서로 맞물려 있다. 자본주의가 보여준 찬란한 생산력의 혁신 뒤에는 과로노동과 빈부격차의 그림자가 수반되어 있었던 것이다. 이 상황에 직면하여 자유주의 지식인들은 어떤 태도를 보였는가? 존 스튜어트 밀John

Stuart Mill은 영국 자본주의 발전의 와중에서 자유주의 경제학자의 가장 표준적인 대답을 제시했다.

밀이 《정치경제학원리*Principles of Political Economy*》를 썼던 1848년은 기억할 만한 해다. 동일한 시기에 마르크스와 엥겔스는 《공산당선언》을 썼기 때문이다. 이는 밀의 책이 급증하던 노동운동과 사회주의에 대해 일정한 답변을 하고 있다는 것을 의미한다.

밀은 기존의 정치경제학, 즉 고전파경제학을 섭렵하고 이를 어떻게 수정·보완시켰는가? 밀은 자본주의에 대한 고전파의 관점과 점증하는 민중의 요구를 절충하려고 노력했다. 예를 들면 고전파경제학은 임금기금설로서 임금은 항상 생존 수준에 머무른다는 관점을 가지고 있었는데, 이는 노동계급의 생활수준이 개선될 수 없다는 비관론을 의미하는 것이었기 때문에 밀로서는 받아들일 수 없었다. 따라서 밀은 생산과 분배를 분리하여 생산과정에서는 고전파의 원리를 대부분 수용하고, 분배에서는 사회주의를 받아들이자고 하였다.

> 부의 생산은 필연적인 것이다. 일부는 물리적인 것으로 물질의 성질들에 의존하며 지식의 양에 의존한다. 그러나 생산의 법칙과는 달리, 부의 분배에 관한 한 자연법칙은 없다. 부분적으로는 인간의 제도에 관련된 것이다. 어느 특정한 사회에서 부가 분배되는 방식은 그 안에서 얻어지는 규정이나 관습에 의존하기 때문이다. 즉 지배층의 의견에 따라 달라지고, 역사와 사회에 따라 달라질 수 있다.
>
> 존 스튜어트 밀, 《정치경제학원리》

존 스튜어트 밀의 아버지 제임스 밀도 역사학자이자 철학자로서 당대의 경제학자인 리카도, 벤담과 친교를 가지고 있었다. 그 아들 존은 아주 어릴 때부터 그리스어, 라틴어를 공부했고 철학, 논리학, 수학 등을 마스터했던 천재소년이었다. 이어 13세에는 경제학을 섭렵했고, 이 공부를 바탕으로 당시의 모든 지적 주제들에 대해 글을 썼다. 《논리학 체계*A System of Logic*》, 《공리주의*Utilitarianism*》, 《자유론*On Liberty*》, 《대의정부론*Considerations on Representative Government*》, 《정치경제학원리》가 그것이다.

밀은 처음에는 고전파의 임금기금설을 수용하였다. 임금기금설은 노동계급에게 할당된 임금의 총액이 일정하다는 전제 하에서 인구가 계속 증가하여 노동자들은 생존할 수 있는 수준으로만 임금을 받는다는 논리다. 따라서 인구의 압박만 빼버리면 노동자의 실질임금이 고정되지는 않는다. 밀은 하층계급은 생존 가능한 범위 내에서 아이를 계속 낳을 것이라고 생각한 맬서스와는 달리, 인구증가를 스스로 억제할 수 있도록 노동자를 교육할 수 있다고 믿었다. 이때 이윤은 장기적으로 저하되어 축적의 저하가 발생하는 일종의 높은 수평지대(고원)가 발생하지만, 노동자의 임금은 상당히 상승할 수 있다. 따라서 밀은 정체된 경제를 예상한 리카도의 예언을 암울하게 받아들이지 않고, 이를 인간의 얼굴을 한 사회주의의 초입으로 보았다.

요컨대 밀의 미래는 축적이 정체하면서 임금은 매우 높은 사회다. 국가는 적극적 분배 정책을 도입하여 지주의 불로소득에 대해 과세하고, 노동자가 소유주가 되며, 과거의 소유자는 종업원들에게 주식을 팔고 은퇴하여 자본주의는 점점 사라진다는 것이다.

밀은 생산에서는 고전파경제학을, 분배에서는 사회주의 경제학을 각기 도입하여 자신의 경제학에 결합시킴으로써 고전파경제학의 생산과 분배론을 붕괴시켰다. 그리하여 당대에는 한 편의 자본주의 성장과 다른 한 편의 빈곤의 축적을 동시에 해결할 수 있다고 생각되어 굉장한 성공을 거두었지만, 사실상 서로 대립하여 전쟁을 치루는 고전파경제학과 사회주의 사상의 입장에서는 서로 결합할 수 없는 모순적 주장을 붙인 것에 불과했다. 하지만 밀의 생각은 이후 경제적 자유주의를 반대하는 '사회적 자유주의 social liberalism'의 시초가 된다.

밀이 고전파경제학을 수정하려 하였다면, 마르크스는 고전파 경제학의 모순을 근본적으로 공격했다. 마르크스의 《자본론Das Kapital》의 부제는 '정치경제학 비판Kritik der politischen Ökonomie'이다. 이는 고전파경제학을 비판한 것이다. 독일 관념론 철학에서 비판은 내재적 비판이다. 즉 이론 내부의 전제를 승인하고, 이 전제 하에서 논리를 추적하면서 그 논리의 자기모순을 깨고, 이 논리가 가져오는 순수한 결론을 도출하는 것이다. 마르크스는 정확히 그렇게 했다. 고전파 정치경제학의 기본 전제인 노동가치론을 승인하고, 이에 입각하여 고전파 정치경제학을 비판하였던 것이다.

고전파 정치경제학은 밀과 같은 내부의 비판과 마르크스와 같은 근본적 비판으로 더 이상 존립할 수 없었다. 그리하여 고전파 경제학의 복구는 1870년 한계효용이론이 등장할 때까지 기다려야 했다.

영화 속의 경제
# 모던 타임즈

〈모던 타임즈Modern Times〉는 1936년에 개봉한 영화로 찰리 채플린Charles Chaplin이 감독, 각본, 주연을 맡았다. 〈모던 타임즈〉는 당시 미국의 산업혁명을 풍자하기 위해 만들어졌지만, 비단 미국뿐 아니라 산업혁명을 거친 나라라면 어디나 공감할 수 있는, 웃기면서도 슬픈 영화다.

엄격한 공장 내 분업으로 컨베이어 벨트에서 하루 종일 볼트 조이는 일만 하던 찰리는 눈앞에 보이는 모든 것을 조이는 정신착란에 시달린다. 이 공장의 모든 일은 작업의 능률을 높이는 데 맞춰져 있다. 노동자들의 건강 때문이 아니라 작업의 능률을 높이기 위해 작업장은 노동자들에게 비타민제를 먹이고, 노동자들은 화장실에서까지 감시를 당한다. 결국 찰리는 정신착란 때문에 정신병원에 입원하고 회사에서 해고당한다. 쫓겨난 찰리는 거리를 배회하다가 우연히 붉은 깃발을 주워들고 거리를 지나가는데 찰리의 뒤로 시위행렬이 만들어진다(이 영화에서 찰리가 붉은 깃발을 드는 장면 때문에 채플린은 훗날 공산주의자 취급을 받고 미국에서 추방당하여 스위스에 정착하게 된다). 이 때문에 찰리는 감

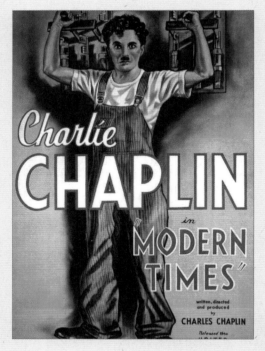

찰리 채플린 감독
(1936)

옥에 수감되기에 이른다. 몇 년의 감옥살이 후에 풀려난 찰리는 잘 곳과
먹을 것이 있던 감옥으로 다시 돌아가기 위해, 빵을 훔친 소녀 대신 누
명을 쓰려고 한다. 하지만 결국 소녀와 함께 희망을 안고 길을 떠나면서
영화는 끝이 난다.

〈모던 타임즈〉는 흑백 무성영화였기에 자본주의의 비인간성을 비판
하는 풍자가 더 잘 표현되었다. 컨베이어 시스템은 1909년 자동차왕
포드가 900달러의 저렴한 T 모델이라는 자동차를 만드는 데 적용하기
시작하여 확산되었다. 이렇게 컨베이어 시스템에 의존한 대량생산 체
제는 포드주의fordism라고도 불리며, 이것이 오늘날 현대 자본주의의

생산방식이다. 인간이 살아가기 위해 부를 수단으로서 축적하는 것이 아니라, 부를 축적하기 위해 인간을 기계화하여 최대한의 능률을 높이는 데 이용한다. 자신이 만들어놓은 물질문명에 오히려 인간이 지배당하는 인간소외를 코미디로 승화시킨 것이다.

'모던 타임즈'를 글자 그대로 해석하면 '현대의 시간들'이다. 거대한 시계가 돌아가고 순한 양떼들이 어딘가를 향해 달리던 장면이, 같은 표정과 같은 차림새를 한 노동자들이 공장으로 출근하는 장면으로 바뀌는 것은 시간에 지배받으며 늘 같은 하루를 반복하는 인간의 모습을 표현한다. 시간은 현대 자본주의에서 가장 중요한 요소인 것이다. 〈모던 타임즈〉에서 보듯 오늘날 인간은 기계가 제대로 돌아가기 위한 한 부품에 불과하다. 기계의 각 기어들이 정해진 속도로 정해진 행동을 계속 하듯이, 인간도 기계가 정해준 속도로 정해진 행동을 반복한다. 〈모던 타임즈〉는 우리 시대의 인간 군상이 가진 쳇바퀴 같은 삶을 비판적으로 묘사한 영화다.

# 자본주의의 격동기

제3장

경제학의 3대 거장을 꼽으라면 경제사상사 연구자들은 애덤 스미스, 카를 마르크스, 존 메이너드 케인스를 든다. 카를 마르크스는 바로 이 경제사상의 3대 거장 중 한 사람이다. 그러나 애덤 스미스는 현대의 미시경제학으로, 케인스는 현대의 거시경제학으로 이어진 데 반해, 카를 마르크스의 경제학은 대학 교단에 둥지를 틀지 못했다. 그의 경제학은 자본주의의 어둠에 관한 경제학, 즉 자본주의를 비판하는 경제학이었기 때문이다.

카를 마르크스

## 1. 마르크스와 '공산주의자'

### 격동의 시대

다른 모든 학문이 그런 것처럼 경제학도 시대와 역사의 산물이지만, 마르크스경제학만큼 그것을 극명하게 보여주는 사례도 없다. 따라서 마르크스경제학을 이해하기 위해서는 우선 그 시대를 이해해야 한다.

정치, 무역과 산업 등을 다룬
《라인 신문》

카를 마르크스는 프랑스 혁명이 발발하고 약 20년이 지난 1818년, 현재의 독일 영토인 트리어라는 도시에서 유태인 변호사의 아들로 태어났다. 이 도시는 나폴레옹 시기에 프랑스로 통합되어 계몽적, 자유주의적 분위기를 맛본 상태였지만, 나폴레옹이 패배한 후 프로이센(독일 측)에 속하게 되었다. 프로이센은 이 지역을 다시 병합하면서 나폴레옹이 유태인에게 부여한 시민권을 박탈했다. 마르크스의 아버지는 프로이센 왕국 지배 하에서 변호사 자격이 박탈될 것을 걱정하여 신교로 개종까지 하면서 자신의 가정을 보호했다. 마르크스는 고등학교를 마치고 변호사인 아버지의 뜻에 따라 법률가가 되기 위해 법학부에 들어갔지만, 곧 법학보다 철학에 더 큰 관심을 갖게 되어 당대 독일의 위대한 철학자인 헤겔 철학을 공부하는 서클에 들어갔다. 철학박사 학위를 마친 후 고향으로 돌아온 마르크스는 언론인으로 사회생활을 시작했다. 그러나 그가 편집장을 지낸 《라인 신문Rheinische Zeitung》은 급진적이고 민주주의적인 성향을 가지고 있어 프로이센 정부의 탄압을 받아 곧 폐간되고, 그는 가족과 함께 파리로 갔다.

프랑스 2월 혁명의 물결이 시작되기 전인 1843년 파리에 도착한 마르크스는 프랑스에 모여 있는 급진주의자, 사회주의자들과 교류하면서 사회주의 사상을 접하고 사회주의자가 되었다. 여

오늘날 사회주의라 하면 마르크스, 엥겔스에 의해 토대가 세워진 이론으로 생산수단의 국유화를 통해 전 사회를 재조직하는 경제 체제를 말한다. 그러나 무정부주의적 사회주의는 국가가 중심이 되어 생산수단을 국유화하는 정책에 반대하고 협동조합, 노동운동 등 밑으로부터의 사회주의, 국가 없는 사회주의를 추구한다.

1848년 2월 파리에서 시작한 봉기는 1789년 프랑스 혁명이 쇠퇴한 이후 나타난 군주제적 반동에 대항한 것이었다. 1848년 혁명은 비교적 소수의 예상치 못한 민중봉기에서 시작하였으나 군주제가 신속히 공화정으로 바뀌었으며, 프랑스에서 독일 및 기타 유럽으로 확산되었다. 그러나 1849년쯤 되자 반혁명의 정서가 강해지면서 1848년 혁명은 진압되었다.

기서 말하는 사회주의란 앞에서 살펴본 오언식 공동체주의를 포함하여, 프루동의 무정부주의적 사회주의 등 자본주의를 비판하고 사회 내의 연대에 기초하여 다른 체제를 꿈꾸는 온갖 이론 모두를 지칭한다. 마르크스는 약 3년간 파리에 체류했으나, 마르크스를 추방한 프로이센 정부는 다시 프랑스에 그의 추방을 요구했고, 이에 따라 프랑스 정부는 마르크스에게 파리를 떠날 것을 요구했다. 그래서 다시 브뤼셀로 갔다가 1848년 프랑스 2월 혁명이 발발하자 자신의 고향인 프로이센의 라인란트로 돌아왔다. 하지만 혁명이 실패로 돌아가면서 1849년, 그는 다시 파리로 돌아왔다가 영국의 런던으로 영구히 추방당했다.

그는 언론인과 정치가로서의 삶을 살았지만 당시의 혁명적인 사회 정세 속에서 사회주의자가 되었고, 이 때문에 프랑스와 독일이라는 국가권력에 의해 탄압받고 영국으로 망명하는 신세가 된 것이다. 따라서 1848년의 유럽 정세를 살피는 일이 마르크스 사상의 형성을 이해하는 데 있어서 매우 중요하다.

프랑스 2월 혁명 당시, 시인 라마르틴이 붉은 기가 아닌 삼색기를 국기로 채택할 것을 주장하고 있다

1848년 프랑스 2월 혁명은 1789년 프랑스 혁명과 같이 지주와 신흥자본가 계급의 대립으로 발발했다. 입헌군주제 하에서 주로 부유한 지주들로 구성된 의회가 투표권의 자격을 연간 2백 프랑의 재산세를 내는 사람으로 한정하자 신흥 자본가 계급이 포함된 공청회에서 이를 반대하면서 혁명으로 번졌다. 이는 1789년 혁명의 여진을 반영한 것이면서 동시에 약 50년 동안의 자본주의 발전을 반영한 것이기도 하다. 1840년대 프랑스에서도 산업혁명이 활발히 진행되면서 노동자와 산업자본가가 새로운 사회세력으로 등장했는데, 바로 이들이 2월 혁명을 주도한 세력이었다. 그런데 2월 혁명 중 치러진 보통선거에서 온건 공화파가 의회를 독점하자, 일부 과격 사회주의자와 노동자들이 다시 폭동을 일으켰으나 진압되었다.

1789년 혁명은 5년 동안 좌, 우로 전개되면서 로베스피에르 Maximilien Robespierre의 공포정치(자코뱅의 공포정치)로 극을 달리게 되었다. 1795년, 장군이었던 나폴레옹이 쿠데타를 통해 스스로 제1집정관이 되었다가 5년 후 황제로 등극했다. 이 시기에 마르크스의 고향 트리어가 프랑스로 병합된다. 1814년, 나폴레옹이 패배하고 프랑스 왕정이 복고되었다. 이후 몇 번의 정치적 변동이 있었고, 1830년 7월 혁명으로 다시 왕정이 붕괴된다. 그로부터 18년 후인 1848년, 급진적 공화주의 혁명이 발생하여 제2공화정이 선포되었다. 그런데 다시 1851년, 1848년 이래 대통령이었던 루이 나폴레옹이 쿠데타를 일으켜 스스로 황제로 즉위했다.

이와 같이 19세기 초·중반의 유럽 대륙은 정치적 혁명과 대중

1789년 발발한 프랑스 혁명은 반혁명과의 대결 과정에서 급진화 되었다. 1792년 9월 군주제가 폐지되고 공화제가 선포되며, 1793년 1월 루이 16세가 단두대에서 처형된다. 3월 반혁명 반란이 도처에서 발발하자, 이를 진압하기 위해 로베스피에르와 당통Georges Jacques Danton이 주도하는 자코뱅파는 공안위원회를 결성하고, 공안위원회는 로베스피에르가 1974년 7월 체포되어 처형되기 전까지 혁명을 방어하기 위한 공포정치를 실시하였다.

우리가 아는 나폴레옹이 아니라, 그 조카라고 주장한 나폴레옹이다.

봉기로 점철되어 있었다. 하지만 정치적 격변에도 불구하고 자본주의는 크게 발전하였다. 요컨대 프랑스는 이 시기가 산업혁명기이기도 했다. 비록 영국보다는 늦었지만 직조기 등 기계화가 진전되고, 철강 산업이 발전했으며 증기기관이 보급되었다. 그리고 이전의 독립적 수공업자가 임금노동관계로 포섭되어 실질적 의미의 노동계급이 형성되기 시작했다. 그러면서 영국이 겪어야 했던 공장제 생산의 장시간 노동과 열악한 근로조건이라는 시련이 프랑스에서도 시작되었다. 1830년쯤 되면 생산의 주도자는 더 이상 지주나 농민이 아니라 자본가들, 즉 부르주아라는 점이 명백해졌다. 그러나 이들은 교양교육을 받지 못한 하층계급 출신의 자수성가형 인물들이었기 때문에, 성공에의 강력한 의지만 가지고 있을 뿐 지배계급의 의무(노블레스 오블리주noblesse oblige)는

노블레스 오블리주는 프랑스어로 '귀족의 의무'를 의미한다. 부와 권력, 명성은 사회에 대한 책임과 함께해야 한다는 의미로 쓰인다. 즉 사회지도층에게 사회에 대한 책임이나 국민의 의무를 모범적으로 실천하는 높은 도덕성을 요구하는 단어이다.

가지지 못한 무식한 부자였다.

19세기 부르주아를 묘사한 그림

1847년 공황의 영향으로 빈곤이 심화되면서 발발한 1848년의 2월 혁명은 6월 23일 파리 시가전으로 8백 명의 노동자가 전사하고, 1만 명이 사살되면서 종결을 고한다. 이후 혁명운동은 침체했고, 나폴레옹 3세가 쿠데타를 통해 제정을 수립하면서 끝이 났다. 하지만 이 시기 마르크스는 동료인 엥겔스와 함께 자신의 정치적 이념을 선언한 《공산당선언》을 발표함으로써 부르주아의 혁신과 프롤레타리아의 역사적 등장을 공식화했다.

비록 이후에도 마르크스는 유럽에서의 혁명적 정세의 도래를 기대하긴 했지만, 1848년 혁명의 실패로 사실상 혁명적 상황은 종료되었다고 인식하였다. 그는 런던으로 이주한 1852년 이후부터 대영박물관 도서실에서 매일 오전 10시부터 오후 7시까지 정치경제학을 본격적으로 공부하기 시작했다. 그는 자본주의에 반대한 사회주의 운동이 미래 사회의 청사진과 희망을 세우는 데 급급한 나머지 자본주의 그 자체에 대한 냉정한 판단을 못 하고 있다고 생각했다. 따라서 자본주의에 대한 당대 최고의 연구 결과인 애덤 스미스와 데이비드 리카도 등 고전파 정치경제학자들의 연구를 섭렵하면서 자본주의 해부학을 시도했던 것이다. 그 결과가 《자본론—정치경제학 비판》이다. 마르크스는 공장에서 근로하는 노동자를 동질적 단위를 가지는 '계급'으로 인식하고, 이 저작을 통해서 최초로 이들을 독자로 하는 완전한 학술저서를 발간한 것이다.

마르크스는 순수한 경제학자라고 보기에는 매우 복잡한 사람이었다. 우선 그는 단순한 학자가 아니었다. 언론인, 정치가이면서 학자였던 복합적 삶을 산 사람이다. 또한 그의 학문 역시 오늘날의 기준으로 보면 철학, 사회학, 정치학, 경제학에 모두 걸쳐져 있다. 마지막으로 그는 학문을 위한 학문, 학자들을 독자로 한 글쓰기를 한 것이 아니라 대중을 독자로 한 글쓰기를 했다. 그럼에도 그 글은 단순히 쉽게 쓴 것이 아니다.

### 마르크스의 이론

따라서 경제학자로서 마르크스를 이해하기 위해서는 마르크스의 철학과 사회주의 사상이 어떻게 접목되어 있는가를 먼저 살펴볼 필요가 있다. 우선 독일에서 형성된 마르크스의 철학사상은 크게 헤겔 철학에 빚졌다. 물론 마르크스는 헤겔을 비판하고 이를 극복하려고 노력했지만, 상대적으로 헤겔의 영향력이 낮았던 영국의 경제학과 프랑스의 사회주의에 비교하면 그의 방법론은 매우 헤겔적이라고 할 수 있다. 즉 마르크스는 사물이 내적 모순에 의해 변화한다는 인식을 헤겔에게서 배웠던 것이다. 이를 헤겔의 변증법이라고 한다. 이처럼 내적 모순의 운동(정, 반, 합)으로 사회를 이해하는 그의 관점은 이후의 사회과학들이 가진 분석주의적, 실증주의적 방법론과 대립한다. 변증법의 관점은 사물이 모순적 내용을 가질 수 있다는 점을 인정하고 그 모순이 서로 갈등하면서 그 사물을 발전시킨다고 보는 반면, 분석주의적 관점에서는 한 사물이 이것이기도 하고, 저것이기도 하다는 관점은 원천적으로 불가능하다. 또 실증주의적 방법에서는 사물을 총체로 접근하여 그 상세를 잃어버리기보다는 차라리 총체를 버리더라

헤겔

도 미세한 진리를 획득해야 한다.

그런데 마르크스는 헤겔의 변증법을 받아들이면서도 헤겔을 극복하기 위해 비판하였는데, 그 이유는 헤겔의 변증법이 사유(思惟 : 생각)상의 변증법이라는 점 때문이었다. 헤겔은 서양사상을 전면적으로 해석하면서, 하나의 생각에서 출발하여 그 생각이 자기 발전하여 점차 현대 유럽의 체제로 형성되어 나간다고 보았다. 마르크스는 이것을 역전시켜 사물 자체가 자기모순에 의해 발전하는 것으로, 생각은 그러한 사물의 발전을 인식하고 이해하는 것이라고 뒤집었던 것이다. 이러한 인식에서 마르크스는 헤겔 철학이 가진 근본적인 관조주의(觀照主義)를 비판했다.

> 지금까지 철학자들은 세계를 해석하기만 했다. 하지만 중요한 것은 세계를 변혁하는 것이다.
> 마르크스, 《포이어바흐에 관한 테제 *Thesen Über Feuerbach*》

마르크스는 사물이 내적 힘에 의해 스스로 발전한다는 관점을 헤겔에게서 얻음과 동시에, 발전하는 것이 사유의 자기 발전이 아니라 사물의 자기 발전이라는 유물론도 확보했기 때문에 이를 통해 경제학에 접근할 단서를 가지게 되었다. 물론 정치경제학으로 도달하기 전에 마르크스는 사회 운동이 계급 간 갈등을 통해서 이루어진다는 인식을 먼저 하게 되었는데, 이는 그 자신의 정치적 역정을 통해 자연히 얻은 인식이었다. 이는 다음과 같은 문장에 표현되어 있다.

모든 역사는 계급투쟁의 역사다

마르크스·엥겔스, 《공산당선언》


계급은 일차적으로는 경제 문제에서 결정된다. 고전파 정치경제학이 이미 토지의 소유자인 지주 계급, 산업생산의 지휘자인 자본가 계급, 산업생산의 담당자인 노동자 계급의 세 계급에 입각하여 생산과 생산 결과의 분배를 연구했으므로 마르크스가 고전파 정치경제학에 주목한 것은 당연한 결과였다.

마르크스가 《자본론》에서 제시하는 고전파 정치경제학에 대한 비판은 자본주의에 대한 해부학이라고 할 만하다. 여기서 해부학이라고 함은 발달한 자본주의, 즉 제 발로 선 자본주의의 단면을 자르듯이 해부하여 그 작동원리를 이해하려 했다는 것이다.

우선 그는 상품 가격이 노동량에 의해 결정된다고 하는 고전학파의 노동가치론을 수용하여 이를 잉여가치론으로 발전시켰다. 노동가치론의 기본 명제는 '상품의 가격이 왜 이 크기인가'라는 질문이지만, 그 배후에는 '상품의 가격이 이러한 크기인 것이 얼마나 정당한가'의 문제가 있었다. 따라서 상품 가격에 '가치'라는 도덕적 명칭을 부여한 것이 매우 중요했는데, 이는 가격의 정당성을 입증해줄 수 있기 때문이었다. 노동가치론이 당시에 대단한 의미를 지닌 것은 가치라는 도덕적이고 주관적인 의미에, 노동량이라는 객관적인 기준을 제시했기 때문이다. 따라서 논의가 사변적·도덕적으로 흐르지 않고, 물질적·세속적으로 흘러갈 수 있었다.

고전파경제학이 상품의 가격은 사실상 노동량에 의해 결정되며, 노동량을 비교함으로써 가격의 배후에 있는 정당한 가치를 측정할 수 있다는 관점을 통해 가치이론에서 큰 이론적 진전을 이루었음에도 불구하고, 마르크스가 보기에는 자본주의의 본질적 질문에 전혀 답하지 않았다는 한계가 있었다. 즉 자본주의의 원동력이며 부의 원천이자 화산의 발화점인 이윤의 원천을 설명하지 못했다.

논리적으로 볼 때 이윤도 가치의 일부이므로, 이윤이 노동에 의해 산출됐다고 봐야 한다. 그러나 고전파경제학은 이윤의 원천에 대해 자신들의 전제인 노동가치론과 논리적으로 일치하는 결론을 내리는 데 주저했다. 지대에 대해서는 리카도가 비교적 명확한 결론을 내린 바 있다. 지주의 지대는 자신이 생산한 가치가 아니라 생산된 총 가치에서 가져가는 부분이라는 것이다. 리카도는 임금과 지대 등 각종 비용을 배제하고 남은 부분을 이윤으로 보았는데, 논리적 사유를 끝까지 진전시켜 보면 자본가가 가져가는 이윤 역시 결국 생산된 총 가치에서 분배된 것으로 봐야 할 것이다. 이윤은 외관상 수입(收入)에서 각종 비용을 뺀 남은 부분이지만, 노동가치론에 따르면 수입을 결정해주는 배후의 가치는 생산과정, 즉 노동에 의해서 창출되기 때문에 이윤 역시 노동이 만들어 낸 가치에서 분배한 부분에 불과하다. 하지만 리카도는 이에 대해 아무런 논리적 결론을 내리지 않았고, 이후의 고전파경제학자들은 이윤의 원천에 대해 가치론과는 무관한 다양한 논리를 제기하기에 이른다.

마르크스는 이 논리의 허점을 파고들었다. 만약 상품 가격의 크

이에 대해서는 생산과정에 노동뿐 아니라 기계도 투입되므로, 노동뿐 아니라 기계도 가치를 창출한다는 주장이 있을 수 있다. 그런데 기계 역시 인간이 만들어 낸 것이므로 이미 노동에 의하여 창출된 가치의 체화된 형태에 불과하다.

기가 생산과정에서 투하된 노동량이라고 한다면 지주의 지대도, 자본가의 이윤도, 또는 그 외의 다른 어떤 계급의 수입도 노동자의 노동에서 분배된 것으로 봐야 한다는 것이다.

그런데 여기서 또 한 가지 의문이 제기된다. 만약 마르크스의 설명이 맞다면, 왜 자본주의에 사는 사람들, 특히 노동자는 바보같이 이윤과 지대를 다른 계급에게 주는 것을 당연시 여기는가? 마르크스의 대답에 의하면 자본주의적 생산과정이 상품 관계 속에 있어서 외관상 등가관계를 띠고 있기 때문이다. 등가관계라 함은 생산요소의 공급자는 공급한 생산요소가 창출한 가치만큼 받아간다는 관계다. 즉 생산요소도 상품이므로 가격이 있을 텐데 그 가격도 역시 그만큼의 정당한 가치를 가진다는 것이다. 이를테면 생산요소인 기계를 생각해보자. 기계가 1억 원이라고 할 때, 그 기계에는 1억 원에 해당되는 노동이 들었다는 의미에서 1억 원의 가치를 가진다고 볼 수 있다. 또 다른 생산요소인 노동도 마찬가지로 봐야 한다. 노동도 상품처럼 거래되기 때문에 하루 노동의 가치가 4만 원이라면 그 노동을 만드는 데 들어가는 노동시간이 4만 원어치 들어가기 때문에 하루 노동의 가격 4만 원은 가치대로 교환되었다고 볼 수 있는 것이다.

노동력을 만드는 데 들어가는 노동시간(=노동력의 가치)은 바로 그 하루 노동력을 유지하는 데 들어가는 생필품 등 소비재의 가격이라 볼 수 있다. 노동자가 하루 노동을 재생산하기 위해 필요한 재화의 양(이것의 양에 대해서는 사회적 기준이 주어져 있을 것이다)을 노동시간으로 환산해보면 4시간이 된다고 하자. 그

런데 하루의 노동력에서 얼마나 많은 노동시간을 뽑아내느냐는
근로계약에 달렸다. 오늘날에는 8시간 근로가 법으로 정해져 있
으므로 보통 하루에 8시간을 일하게 된다. 즉 8시간 노동에 필요
한 재생산 시간이 4시간이므로 총 4시간의 노동이 남게 된다.

여기서 마르크스는, 노동력 상품은 등가교환의 조건을 충족하
지만 노동력이 인간의 노동에서 나오는 것이므로 특수한 형태를
띠게 된다고 주장한다. 이 노동자는 이전의 농노나 노예와는 다
르다. 우선 법적으로 자유롭다. 즉 근로계약 시에 노동자는 고용
주가 제시한 조건이 싫으면 계약을 안 하면 그만이다. 억지로 노
동하게 강제하지 않는다는 것이다. 하지만 비극은 그 노동자가
법적으로 자유로울 뿐 아니라 자본주의 하에서 생산의 수단으로
부터도 자유롭다는 데 있다. 즉 생산수단을 가지고 있지 못하다
는 데서 출발한다. 따라서 노동자는 고용되지 않으면 먹고 살 수

가 없는 것이다. 뒤집어서 말하면 이윤, 마르크스의 용어에 따르면 잉여가치가 유지되는 조건은 한 계급, 즉 자본가에 의한 생산수단의 독점 때문이다. 이는 마치 지주가 땅을 독점함으로써 지대를 얻는 것과 같다.

임금에 대한 마르크스의 생각은 얼핏 보면 고전파경제학, 특히 리카도의 임금론과 비슷해 보인다. 마르크스 역시 리카도와 비슷하게 노동력의 가치(가격)인 임금을 노동자가 소비하는 재화의 꾸러미의 가치로서 규정하기 때문이다. 그리고 또한 마르크스는 노동계급의 궁핍화를 주장하여, 리카도가 말하듯이 임금이 노동자가 생존만 가능하게 하는 수준에 머무른다는 주장과 비슷한 생각을 한 바 있다.

하지만 고전파경제학자들의 임금이 생존임금에 머무른다는 주장은 이른바 '임금기금설' 또는 '임금철칙설'에 기초한 것으로서 마르크스의 논리와 완전히 다르다. 우선 고전파는 생산된 총량 중 임금으로 배분된 일정한 양이 미리 정해져 있어서 그 총량을 개개인이 얼마나 가져가느냐는 것은 노동인구에 달렸다고 본다. 따라서 이 생각은 인구가 늘면 개별 임금이 떨어지고, 인구가 줄면 개별 임금이 증가한다는 맬서스의 논리를 그대로 따라가는 것이다.

하지만 마르크스는 노동자들이 빈곤해질 수밖에 없는 이유로 '산업예비군industrial reserve army' 개념을 제시했다. 마르크스 역시 노동자가 자신이 만들어낸 가치만큼 받아가는 것이 아니라 노동력을 (재)생산하는 데 들어가는 가치만큼 받아가는 것이 등가라는 의미에서 '정당한' 가치라고 인정했다. 문제는 그 정당한 가치의 기준이 무엇이냐는 것이다. 단순히 인구에 의해 결정된다기보다는 사회적·복합적 요인이 작용된다고 생각할 수 있다. 즉한 사람의 노동자가 하루에 밥을 몇 끼나 어떤 형태로 먹어야 하는가, 교통편은 어떤 것을 쓰는가, 문화 활동과 여가 활동은 어떤 것을 얼마나 소비할 수 있어야 된다고 보는가 등의 문제가 각 사회와 시대마다 달라질 수 있기 때문이다. 여기에는 사회적 규준도 작용할 것이고, 노동자들의 조직화도 영향을 미칠 것이며, 노동시장의 수요와 공급의 변화에도 영향을 받을 것이다.

마르크스는 여러 가지 요인 중 노동시장의 수요와 공급의 변화를 중요하게 보았다. 이는 그가 임금을 결정하는 데 있어 실업의 중요성에 주목했기 때문이다. 당대의 경제학자 중 최초로 마르크스는 노동시장이 완전히 청산되지 않는다는 점에 주목했다. 고전파경제학자에 따르면 실업은 일시적으로만 존재하고 이론적으로는 존재하지 않는데 반해, 마르크스는 실업이 자본주의의 전제조건이라고 보았다. 그 실업자를 마르크스는 군대의 예비군에 비유하여 산업예비군이라고 이름 지었다. 이 산업예비군의 규모가 늘고 줄고 함에 따라 노동계급의 임금이 변화하게 된다는 것이다. 그리고 이 산업예비군의 규모는 경기변동의 영향을 받는다.

이제 마르크스가 자본주의의 미래에 대해 말한 부분을 간략히 살펴보자. 앞에서 고전파경제학자들도 자본주의 미래에 대한 연구와 고민을 많이 했다는 점을 살펴보았다. 이를 비교적 낙관적으로 보았던 애덤 스미스와 달리, 이후의 고전파경제학자들은 자본주의의 미래를 어둡게 보았다. 자본주의의 미래가 낙관적이려면 자본 축적의 과정이 원활해야 하는데 이들은 자본주의적 축적, 즉 확대 생산의 가능성을 어둡게 보았다. 자본주의가 매년 생산과정에서 확대 재생산을 한다면 인구의 평균소득이 증가할 것이다. 이는 오늘날 1인당 국민소득이라고 불리는데, 1인당 국민소득이 증가하면 빈곤이 해소될 수 있다고 생각했다. 그런데 자본주의적 축적이 어려워지면 자본주의를 통한 경제적 문제의 해결에도 난관이 생긴다.

마르크스도 결론은 고전파와 같다. 하지만 마르크스는 자본주의의 축적이 완만해지는 상황을, 자본주의가 붕괴하고 다른 사회가 출현하는 조건으로 보고자 했다는 점이 다르다. 마르크스는 자본주의의 장래에 대해 세 가지 정도의 예측을 했다.

첫째, 마르크스는 자본주의의 미래에 대한 애덤 스미스의 낙관주의를 경쟁자본주의 시대의 논리로 보았다. 상업자본주의 시대의 경제논리를 중상주의로 볼 수 있다면, 비교적 소규모 생산 자본가들이 주도했던 시기를 경쟁자본주의라고 부를 수 있다. 애덤 스미스는 바로 이 시기를 대변했다.

《국부론》에서 보이는 생산자는 소규모 생산자이며, 대규모 독점 자본가는 사실상 대상인이지 산업 부르주아가 아니다. 다수의 생산자가 경쟁하는 이러한 초기 자본주의는 시장의 순수한 결정력, 즉 경쟁의 압력이 높아지지만 동시에 생산의 무정부성도 높아지는 문제가 있다. 비록 애덤 스미스는 보이지 않는 손이 개인적 이익 추구와 사회적 복지를 조화시킬 것이라고 주장했지만, 실제 애덤 스미스가 보여준 것은 그러한 시장경쟁이 생산성을 높인다는

1847년 공황은 영국에서 1840년~1847년간의 호황으로 산업자본주의가 성숙함에 따라 투기와 신용이 결합하여 발생한 최초의 대규모 신용공황이었다. 이는 영국뿐 아니라 프랑스에서도 발발하였으며 1848년 혁명의 경제적 원인이라 할 수 있다. 1870년대의 공황은 농업의 과잉생산과 주식거래소의 폭락으로 시작하여 근 20여 년간 지속됨으로써 자본주의의 독점화 경향을 낳았다. 1930년대의 공황 역시 1차 대전 이후의 생산혁명을 토대로 한 과잉생산공황으로 국가의 체계적 경제 개입주의를 낳았으며 2차 대전을 지난 후 케인스식 혼합경제의 원인이 되었다. 1970년대의 공황은 케인스식 개입주의의 한계를 보여준 것으로 인플레이션과 경기침체(스태그네이션)가 결합되어 나타나 '스태그플레이션'이라고 불린다.

점이지, 이것이 주기적인 문제, 즉 경제공황을 야기한다는 점은 이야기하지 않았다.

오히려 고전파경제학에서 이단아인 맬서스가 자본주의적 생산이 수요능력을 초월하여 과잉생산이 발생할 수 있다는 점을 지적한 바 있다. 이는 당시에는 경멸받고 무시되었지만 이후 마르크스주의 내에서는 과소소비설로, 케인스에서는 유효수요이론으로 복원되었다. 요는 자본주의가 생산성을 혁신하는 좋은 체제이지만, 지나치게 혁신한다는 점에서 나쁜 체제라는 것이다.

둘째, 마르크스의 동학은 앞에서 살펴본 경제공황과 관련된다. 자본주의는 제 발로 선 이후부터 주기적 공황에 직면하는데, 이 중 자본주의의 진화에 큰 영향을 준 것들로는 1847년 공황, 1870년대의 공황, 1930년대 공황, 1970년대의 스태그플레이션 등을 들 수 있다. 초기 자본주의는 거의 10년 단위의 규칙적인 공황을 보여주었는데, 이는 이전 생산체제에서는 발견할 수 없던 현상이었다. 공황이 발생하면 어제까지 잘 돌아가던 공장이 부도나고, 공장에서 일하는 노동자도 직장을 잃게 된다. 문제는 이것이 전염되어 다수의 공장이 망하고 다수의 노동자가 실업에 직면하게 된다는 것이다.

이러한 공황이 왜 발생하는가? 마르크스는 이를 자신의 잉여가치론과 접목시켜 설명한다. 그의 설명에 따르면 자본주의 공황은 외관상 과잉생산 공황이지만, 그 근본에는 노동자의 계급투쟁이 있다. 공황이 발생하는 과정을 살펴보면, 처음에는 활발한 자본 축적이 일어나면서 자본가 간 경쟁이 격화된다. 자본가 간 경

경제공황은 자본주의 이전에는 발견할 수 없는 현상이었다. 자본주의 이전의 경제적 궁핍은 흉작이나 전쟁의 탓이 컸다. 하지만 자본주의 시대에는 자본주의 그 자체의 작동과정에서 경제적 위기가 주기적으로 찾아왔던 것이다. 공황의 고전적 형태는 재화 시장에 상품은 넘쳐나는데 판매가 되지 않아서 공장이 문을 닫고, 실업이 발생하는 것이다. 이러한 과정에 병행해서 금융공황이 발생하여 실물경제 위기의 진폭을 확대하기도 했다.

쟁은 초과이윤을 얻기 위해서다. 초과이윤을 얻기 위해서는 노동자의 임금을 줄이는 비용 억제 정책이 손쉽지만, 이는 경제가 활성화된 상태에서는 매우 어렵다. 오히려 임금은 상승하는 추세를 보일 것이다. 그러므로 보다 생산적인 기계를 도입한다든가, 새로운 상품을 개발하여 다른 자본보다 우위에 있으려 하는 자본 간의 경쟁이 격화된다. 한편에서는 자본가 간 경쟁, 다른 한편에서는 노동의 비용 상승으로 생산성을 혁신하는 방법으로서 기계를 계속 도입하게 된다. 이는 생산성을 증대시켜 다른 자본가와의 경쟁에 우위를 점하게 할 뿐 아니라 노동자를 방출시켜 산업예비군의 증가로 인한 임금하락이라는 두 가지 장점을 지닌다.

이는 이윤율을 회복시키지만, 중요한 결과가 야기된다. 그것은 바로 기계화의 진행이다. 이 과정이 계속되면 기계화가 진행되어 이윤율은 떨어지는 현상이 생기게 된다. 이윤율은 아래와 같이 정의된다.

$$\text{이윤율} = \frac{\text{이윤량}}{\text{비용}}$$

그런데 기계를 구입하여 생산성을 증대시키게 되면 이윤량은 증가할 수 있지만, 비용도 같이 증가하게 된다. 하지만 생산성의 증대가 여의치 않아, 이윤량이 생각보다 많이 늘지 않게 된다면 이윤율은 떨어지게 된다. 이를 마르크스는 '산 노동의 죽은 노동으로의 대체'라고 불렀다. 이윤율의 저하는 축적 동기를 저하시키고 이것이 공황의 궁극적 원인이 된다.

마르크스의 세 번째 예언은 역사 진화에 대한 예측이다. 앞에서 보았던 공황은 일차적으로는 자본주의를 변질시킬 것이다. 그것은 애덤 스미스가 바라보았던 목가적 자본주의, 즉 경쟁적 자본주의가 아니라 대독점 산업자본가가 출현하는 독점자본주의로 변질될 것이라는 주장이다. 이후의 마르크스주의 경제학자 중 한 사람인 힐퍼딩Rudolf Hilferding은 마르크스의 이 논리를 계속 밀어붙여 자본주의가 전 사회를 공장화하는 조직자본주의가 등장할 것이라고 예언했다. 물론 이 예언은 맞지 않았다. 사회가 하나의 공장으로 전면적으로 조직화되는 대신, 다수의 독점기업이 서로 치열하게 경쟁하고 중소기업 역시 여전히 명멸하면서도 끊임없이 새로이 생성되고 있다. 마르크스는 조직자본주의의 출현을 예언한 것이 아니라 자본주의의 독점자본주의로의 전환을 예언했다. 독점자본주의는 기업의 대형화를 의미한다. 이는 다른 기업

조직자본주의organized capitalism는 오스트리아의 마르크스주의자인 힐퍼딩의 용어이다. 자본주의의 독점화가 진행되어 궁극적으로 그 독점이 전 사회를 뒤덮는다면 사적 소유가 철폐되지 않은 상태에서도 생산의 무정부성을 해소하여 전 사회가 공장이 되는 자본주의가 될 수 있다고 보았다.

의 인수, 합병 과정 또는 자체적인 생산 규모 확대를 통해서, 시장을 지배하여 독점적 이윤을 얻음과 동시에 결국 생산성을 증대시키려는 노력의 결과다. 따라서 생산과정은 사회화되는 경향을 보여준다. 그런데 여전히 생산수단은 소수의 자산계급이 사적으로 소유하고 있어 사적 소유만 철폐하면 사회주의로 쉽게 넘어갈 수 있을 것으로 보았다.

마르크스는 역사 속에서 모든 인류가 스스로 자유로워지고, 자신의 자아를 완전히 발전시키는 것을 진보로 보았는데, 그러한 진보의 관점에서 볼 때 자본주의는 생산력을 사회화시킨다는 점에서 이미 큰 진보를 달성했다. 그러나 자본주의의 중요한 법적 전제인 사적 소유는 이와 충돌하므로, 궁극적으로는 사적 소유가 사라지게 될 거라고 보았던 것이다. 이것이 마르크스의 사회주의론이다.

이 사회주의는 사적 소유의 폐지를 요구한다는 점에서 소유의 문제를 다루지 않았던 이전의 사회주의와 내용이 다르다. 이를 마르크스는 '공산주의'라 불렀다. 공업 생산의 토대가 조직화되어 통합적·상호의존적이 되지만, 사유재산이라는 상부구조는 사회제도 중 가장 개인주의적인 것이므로 양자는 양립할 수 없다. 공황은 다름 아닌 바로 이 모순이 주기적으로 표출되는 것이다. 공황을 통해 자본주의는 점차 진화하는데, 진화과정에서 사회주의의 기술적 토대와 계급을 만들어낸다.

## 마르크스주의의 의미

마르크스가 《자본론》을 처음 발간한 것은 1867년이었다. 런던에서 정치경제학을 연구하면서 마르크스는 사실상 영국의 노동운동과 연계되어 있지 않았고, 대륙의 혁명을 기다렸지만 1848년 혁명의 불길은 이미 꺼졌다는 것을 알았다. 그리하여 그는 외부 세계와 고립되어 오직 자신의 동료인 엥겔스와의 교류로 만족하며 경제학 공부에 몰두했다. 이 시기는 마르크스의 삶에서 경제적으로 가장 빈곤했던 시기다. 마르크스가 공부에 몰두하느라 돈을 벌지 못하였으므로 아이들이 영양실조와 병으로 죽기도 했다. 《자본론》은 그의 예상보다 훨씬 더 많은 시간이 걸렸다.

하지만 점차 마르크스의 논리가 노동자 계급과 사회주의 진영에서 인기를 얻게 되었고, 마침내 1864년 마르크스를 포함하여 다양한 사회주의자들의 모임인 제1인터내셔널이 결성되고, 여기에서 마르크스는 지도자의 역할을 하게 되었다. 마르크스가 《자본론》을 발간한 이후 유럽의 정세는 다시 급변하여 1871년 프로이센과 프랑스가 전쟁에 돌입하고 프랑스의 패배를 계기로 파리의 국민군(혁명군)과 정부군 사이에 내전이 발발하는데, 이것이 파리코뮌이다. 원래 이 봉기는 프루동주의자들이 조직했고 마르크스는 반대했다고 전해진다. 패배 이후 3만 명이 총살되는 학살극 이후 노동운동은 다음 공황을 기다리며 침체기에 빠져든다.

마르크스의 자본주의 분석은 그 정치적 성공과 실패 여부를 떠나서 이후의 경제학에 중대한 기여를 했다. 마르크스의 경제학이 경제학에 기여한 바는 다음과 같다.

제1인터내셔널의 정식 명칭은 국제노동자협회로서, 전성기에는 7백만 회원을 자랑했다. 이 조직은 대륙의 노동운동에 큰 영향력을 행사했다. 마르크스의 영향력하에 있었으나 오언주의, 푸리에주의, 프루동주의 등 다양한 경향의 결합체였고, 1874년 소멸되었다.

첫째, 경제학 비판 체계의 모범 예를 제시했다. 자본주의와 경제학의 등장은 떼려야 뗄 수 없는 관계이므로 경제학은 대체로 자본주의의 모순을 설명하지 않고 넘어갔다. 이때 마르크스는 자본주의가 가진 문제를 사회학, 정치학, 역사학, 문학 등의 관점에서가 아니라 경제학의 관점에서 어떻게 분석할 것인가에 대한 이론 틀을 제시했다. 자본주의에 대한 비판은 마르크스의 비판 외에도 다양하고 많다. 하지만 마르크스의 비판이 가장 체계적이고 광범위하다.

둘째는 노동력 상품이 지배적인 사회로서의 자본주의를 정의하고 규명했다는 점을 들 수 있다. 오늘날의 경제학은 바로 그 경제학이 싹튼 모태가 된 자본주의의 근본 질서를 묻지 않는다. 경제학은 표면적인 변수들, 즉 가격, 임금, 이윤율, 주가, 이자율 등에만 관심을 가진다. 하지만 그러한 표면적 변수를 추종해본 사람들은 결국 '문제의 본질이 뭘까' 하는 질문을 던지게 된다. 마르크스는 이 문제를 탐구한 최초의 경제학자라고 할 수 있다.

셋째, 이윤율 하락 경향의 원인을 구조론적으로 제시했다. 고전파경제학, 특히 리카도는 이윤율 하락을 당연시했다. 하지만 이윤율 하락의 원인을 제대로 규명하지는 못했다. 반면 마르크스는 이윤율 하락이 초과이윤을 목표로 한 자본가 간 경쟁과 자본-노동간 대립에 의해 발생한다는 점을 밝혔다. 이는 자본주의의 혁신과 생산성 증대 경향과 긴밀히 관련된다. 자본주의의 혁신성을 부정한 것이 아니라 적극적으로 긍정했으며 이것이 결국 자본주의 파멸의 원인이 되기도 한다는 관점을 보임으로써 자본주의의 내적 모순을 드러내려고 했다.

넷째, 앞에서 설명했지만 경기순환론의 논리를 제시했다. 이 경기순환론은 자본주의의 진화에 영향을 미쳐 프롤레타리아(임노동)가 확대되고, (순수)자본주의가 붕괴되면서 독점자본주의가 출현하게 될 것이며, 궁극적으로는 사회주의의 초석이 될 것이라고 예언했다. 이 과정에서 마르크스는 분배가 악화되어 노동자 계급의 궁핍화는 더 심해질 것이라고 보았다. 이러한 마르크스 주장의 한계는 무엇일까? 당연히 오늘날의 관점에서 보면, 좀 더 명료하게 그 한계를 지적할 수 있다.

첫째는 마르크스의 논리를 끝까지 밀어붙여 현실에서 실험한 현실 사회주의가 자본주의와의 체제경쟁 속에서 패배하였다는 점이다. 현실 사회주의는 1920년대 출현 이후부터 1970년대까지만 해도 나름대로 작동 가능한 체제로 인식되었지만 미국과의 군비경쟁에 들어가는 비용을 감당하지 못했고, 체제의 정체성을 극복하지 못하여 몰락하였다. 물론 이는 마르크스의 한계라고 보기에는 조금 복잡한 면이 있다. 왜냐하면 《자본론》은 소련식의 사회주의 출현을 예언하지 않았기 때문이다. 소련(현재의 러시아)의 사회주의는 차르라는 전제군주제 하의 봉건 체제를 타파하는 근대시민혁명의 과제를 노동자, 농민이 수행했다는 특징이 있다. 그러나 마르크스가 생각한 사회주의는 자본주

의가 가장 발전한 장소에서 자본주의 발전이 소진한 결과 나타나는 형태라고 보았다는 점에서 차이가 있다. 하지만 마르크스의 다른 정치 저작들, 특히 《고타강령비판Kritik des Gothaer Programms》 같은 후기의 저작에는 1·2단계의 사회주의론이 등장하고, 소련의 사회주의가 이를 실천한 것이라고 할 때, 마르크스 논리의 연장선상에 있다는 점을 완전히 부인할 수는 없을 것이다.

둘째는 자본주의의 정치적 역량을 무시했다는 점을 생각해볼 수 있다. 마르크스 당시의 자본주의는 경쟁자본주의가 독점자본주의로 막 이행하는 시기의 자본주의로서, 보이지 않는 손의 자기 파괴적 특성이 극대화되었다. 하지만 이후 자본주의는 체제 내에서 발생한 반체제 세력인 노동자 계급의 등장에 직면하여 크게 변신하게 되는데, 그것이 혼합자본주의다. 물론 이는 1917년의 러시아 혁명, 1929년의 대공황, 1939~45년의 2차 대전이라는 참혹한 경험 이후의 변화이긴 하다.

## 2. 고전학파의 재탄생

### 고전학파의 딜레마

자본주의의 출생과 더불어 자본주의에 대한 이론, 즉 경제학은 애덤 스미스에 의해 시작하여 데이비드 리카도를 정점으로 한 고전파경제학의 성립을 가져왔다. 하지만 고전파경제학이 묘사한 사회뿐 아니라 그 시대인 산업혁명 자체가 우울했으므로 고전파

경제학에 대한 다양한 도전이 이루어졌다. 즉 산업자본주의가 발전하면서 그 어둠인 빈곤의 누적, 노동환경의 악화 등이 고전파 경제학의 난관론과 충돌하였다.

첫 번째 도전의 파고는 영국의 오언주의자와 같은 개혁주의자, 프랑스의 공상적 사회주의자, 독일의 리스트와 같은 역사학파 등으로부터 진행되었으며 영국의 마지막 고전파 정치경제학자라 할 수 있는 존 스튜어트 밀에 의해 이 도전에 대한 대답이 주어졌다. 그것은 바로 생산에서는 자본주의를, 분배에서는 사회주의를 지향한다는 대답이었다. 하지만 이는 절충이었으며, 이 절충의 모순을 집요하게 파고들어가면 결국 고전파 이론은 붕괴할 수밖에 없게 된다. 이 점에서 고전파경제학에 대한 결정타가 마르크스에 의해 이루어졌다.

이제 고전파경제학의 기본 명제와 골격은 근본적으로 재검토될 수밖에 없다. 재검토의 전략을 검토하기 전에 우선 이후 고전파경제학을 구출하고자 한 경제학자들이 고전파경제학의 무엇을 그 핵심으로 삼았는가를 살펴보기로 하겠다.

고전파경제학에서 꼭 살려야 하겠다고 생각된 그 합리적 핵심은 마르크스경제학과 비교하면 잘 알 수 있다.

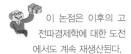

이 논점은 이후의 고전파경제학에 대한 도전에서도 계속 재생산된다.

우선 고전파는 현존하는 자본주의 질서를 인간 본성에 부합하는 자연스럽고 영원한 질서로 보고자 했다. 반면 마르크스는 자본주의를 역사적인 체제로 봄으로써 결국 자본주의는 없어질 것이라고 생각했다.

두 번째로 고전파는 각 계급의 소득이 모든 사람이 자신이 생산한 만큼 분배받는 정당한 질서라고 보았다. 물론 이러한 기본적 맥락을 조금만 깊이 들어가면 고전파경제학의 자본가 편향성이 드러난다. 예를 들어 고전파경제학자인 리카도는 지주의 소득에 대해서는 엄격한 잣대로써 판단했다. 하지만 전체적으로는 생산요소의 기여분만큼 소득으로 받는다는 생각을 발전시켰다. 경제학은 이를 한계생산력설이라고 부른다. 반면 마르크스는 노동가치론에 따라 각 계급이 받는 소득은 원천적으로 노동자에게서 오며, 자본가의 이윤은 노동자의 가치의 일부를 착취한 것이라고 규정했다. 이를 마르크스는 잉여가치론이라 불렀다.

세 번째로 고전파는 자본주의를 매우 목가적으로 묘사했다. 예

를 들어 애덤 스미스는 새로이 출현한 상업사회가 공장 내 분업과 시장이라는 사회적 분업을 매개로 하여 생산성을 혁신시키는 놀라운 사회라고 보았으며, 데이비드 리카도는 자본주의의 과잉생산 현상을 영속하거나 지속되는 것이 아니라 우연하고 일시적인 현상으로 파악했다. 물론 고전파경제학 내에서도 과잉생산에 대한 우려가 없는 것은 아니었으나 결코 주류적 인식이라 할 수 없었다. 반면 마르크스는 자본주의가 발전하면서 보여줬던 주기적 공황을 자본주의의 자기모순 발현으로 인식하고, 그 원인을 노동자와 자본가의 계급 갈등과 자본가 간의 경쟁(즉 시장경쟁)에서 찾았다.

당시에는 자본주의라는 용어가 개발되기 전이었으므로 상업사회라고 불렀다

고전파경제학과 마르크스경제학의 차이는 방법론적으로 현재의 시장 경제 또는 자본주의 경제를 균형론의 시각에서 바라보는가, 아니면 진화하는 질서로 보는가의 차이였다. 그러나 이러한 대결 속에서 고전파는 너무나 많은 이론적 균열을 가지게 되었다.

결국 인간본성에 부합하는 질서로서의 자본주의, 정당한 분배를 가능하게 하는 자본주의, 발전과 진보를 보장하는 자본주의라는 관념을 유지하기 위해서는 고전파경제학의 기초를 철저히 파괴하지 않을 수 없다는 결론에 도달하게 되었다. 왜냐하면 고전파경제학에 대한 도전 역시 바로 그 기초에서 출발하기 때문이다.

그 기초는 바로 가치론이었다. 결국 가치론을 문제 삼지 않을 수 없었다. 가치론을 문제 삼음으로써 이전의 생산 중심의 패러다임에서 필연적으로 유래하는 계급론적 시각을 탈피하고, 소비자와 생산자 간 대립의 문제로 쟁점을 전환시킨다는 것이었다.

## 물과 다이아몬드의 역설—한계혁명

문제 삼아야 하는 가치론은 노동가치론이다. 원래 노동가치론은 경제학 이전과 경제학을 구분 짓는 중요한 분기점이었다. 아리스토텔레스에서 보이는 가치론은 도덕이론과 차별이 되지 않았지만, 고전파경제학의 가치론은 객관적 가치론으로 정당성을 논증할 수 있는 기초가 되었기 때문이다.

1870년대에 영국(제번스William Stanley Jevons, 1871), 프랑스(발라스Reon Walras, 1874), 독일(멩거Carl Menger, 1871)에서 서로 교류가 없었는데도 불구하고 비슷한 생각이 등장했다는 점은 단순한 우연의 일치라고 보기에는 특이한 현상이었다. 그 비슷한 생각이란, 노동가치를 대체할 새로운 가치이론에 대한 구상이었다. 상품가격의 기초가 되는 가치를 투하한 노동량, 좀 더 넓게 보면 비용적 측면에서가 아니라 소비자가 부여하는 가치로서 파악하고자 하는 사고였다. 상품을 소비함으로써 갖게 되는 가치, 즉 주관적 만족도를 '효용utility'이라 부르고, 이것이 궁극적으로 상품의 가치를 측정하는 기준이 된다고 보는 것이 새로운 아이디어의 출발이었다.

벤담

이 아이디어는 벤담Jeremy Bentham의 공리주의(公利主義, Utilitarianism)에 기초하고 있다. 벤담은 사물의 판단 기준을 '고통과 기쁨pain and pleasure'으로 나누고 후자의 확대를 바람직한 것으로 보았다. 벤담에 의하면 인간의 행동은 쾌락 극대화와 고통 최소화를 목적으로 한다. 철학적으로 공리주의는 사회적 진보의 판단근거를 제공하는 이론이다. 개인의 쾌락과 고통을 합산하여 진보적 사회의 판단기준으로 삼는다는 것이다. 공리주의는 선험적인 보편적 도덕과 덕의 개념을 부정하고, 결과적 총 후생의 크기로서 사회의 우열을 판단하고자 하여 인간성의 독자적 지위를 부정한다는 점에서 정치적 보수주의와 폭넓게 연관되어 해석되어왔다.

공리주의의 어원인 'utility'는 효용으로 번역되며 이익, 유리함, 기쁨, 행복 등을 모두 포함하는 것으로 넓게 해석된다. 경제학은 공리주의의 이 개념을 활용하여 경제학의 기본원리로 채용했다.

그러나 새로운 생각이 이것만으로 구성된 것은 아니다. 하나의 재화를 소비할 때 소비자가 갖게 되는 만족도는 재화 단위마다 동일하지 않다. 이를테면 뾰족한 핀으로 팔뚝을 찌른다고 생각해보자. 처음에는 무척 아플 것이다. 하지만 두 번째 찌를 때는 그 아픔이 어떨까? 좀 둔해질 가능성이 많다. 이처럼 자극에 대한 반응이 점차 둔해지는 현상을 '한계자극체감의 법칙'이라고 부른다. 여기서 한계자극이란 자극이 자꾸 주어질 때 새로운 자극에 대한 추가적인 고통(또는 쾌락)의 양을 말한다. 수학적으로 말하면,

한계고통(또는 쾌락) = △ 고통(또는 쾌락) / △ 자극

이라 할 수 있다. 물론 이때 고통(또는 쾌락)의 총량은 물론 늘어난다. 하지만 늘어나는 폭은 줄어든다. 효용의 개념이 가치의 원천을 설명해주지만 정확히 어떤 상품의 가격이 왜 이 수준인가는 효용극대화를 통해서 설명할 수 있다.

이제 효용극대화를 한계개념으로 설명해보자. 즉 일정한 소득과 각각의 가격이 주어져 있다고 할 때, 두 개의 재화를 소비자가 자신의 선호에 따른 만족을 극대화하기 위해 각각 얼마나 소비해야 하느냐의 문제이다.

이때 각 재화의 소비량에 따른 한계효용을 비교하여 그 한계효용이 같은 소비량을 선택하면 소비자의 만족이 극대화된다. 그런데 재화마다 가격이 다르므로 각 재화의 한계효용을 단순히 비교하는 것이 아니라 가격으로 나눈 한계효용, 즉 1원당 한계효용을 비교하게 된다. 이 점을 이해하기 위해 다음의 경우를 생각해보자. 배와 사과를 선택하는 문제라고 할 때, 소비자가 가진 소득을 모두 소비하되 배와 사과의 소비량 하에서 계산한 각 재화 1원당 한계효용이 다음과 같다고 하자.

사과의 1원 지출에 대한 한계효용 〉배의 1원 지출에 대한 한계효용

이 경우는 아직 효용이 극대화된 상태가 아니다. 왜냐하면 배에 지출한 1원을 빼서 사과에 1원을 더 소비한다면 지출의 총액은 동일하지만 사과와 배의 소비로부터 얻는 만족의 총량이 더 늘어날 수 있기 때문이다.

예를 들어 전자가 3이고 후자가 2라고 하면, 1원을 배에서 빼서 사과에 지출한다면 직전의 총 효용의 크기가 어떤지에 상관없이 +3 − 2 = 1로서 총 만족도가 1이 증가하는 것이다. 요컨대 지출금액은 일정하지만 만족도를 더 늘릴 방법이 있으므로 이 상태는

효용이 극대화된 것이 아니다. 앞에서 효용의 한계치는 소비량이 증가함에 따라 감소한다 했으니 사과의 소비가 늘어남에 따라 사과의 한계효용은 감소하게 되며, 배의 소비가 줄어드니 배의 한계효용은 늘어날 것이다. 그리하여 예를 들어 일차적인 조정이 일어난 후 각 한계효용이 2.5로, 사과와 배의 한계효용이 같아진다고 하자. 그렇다면 1원을 배에서 빼서 사과에 지출하더라도 총 만족도의 변화는 없다. 즉 사과와 배의 한계효용(1원당)이 일치할 때, 사과와 배의 소비에 따른 효용의 총 합계는 극대화된다. 이것이 '한계효용균등의 법칙'이다.

그리하여 제번스는 "나는 경제학이란 쾌락과 고통의 미적분학이라고 생각한다"라고 말했다. 여기서 쾌락과 고통의 문제란 효용을 말하는 것이며, 미적분학이란 한계 개념을 지시한다.

한계개념의 등장으로 한계효용 이론가들은 물과 다이아몬드의

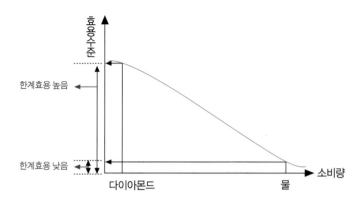

<〈물과 다이아몬드의 역설〉

역설을 한계이론으로 설명할 수 있었다. 물이 없으면 죽지만, 다이아몬드는 없어도 산다는 점에서 물의 효용성은 분명히 다이아몬드보다 높다. 하지만 물의 가격은 다이아몬드의 가격보다 매우 낮다. 이것은 일견 모순이다. 이것이 물과 다이아몬드의 역설이라고 불리는데, 이 역설은 한계효용의 개념을 통해서 이해할 수 있다. 물의 한계효용은 매우 낮고, 다이아몬드의 한계효용은 매우 높다. 왜냐하면 다이아몬드는 희소하기 때문이다. 따라서 양 재화의 1원당 한계효용이 일치하려면 다이아몬드의 가격이 물의 가격보다 훨씬 높아야 된다.

한계효용이론에 따르면 재화에 대한 한계효용은 재화의 소비량이 늘어날수록 줄어들기 때문에 가격이 내려가면 더 많이 소비하게 되고, 가격이 올라가면 더 적게 소비하게 된다. 왜냐하면 가격은 소비자의 입장에서는 한계비용이라고 할 수 있고, 한계비용

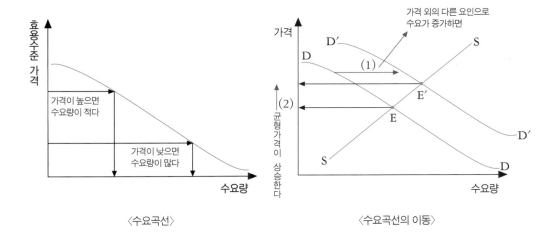

〈수요곡선〉　　　　　　　　〈수요곡선의 이동〉

과 한계효용이 일치하는 지점까지 수요하는 것이 소비자의 효용을 극대화하는 방법이기 때문이다. 이것이 바로 수요곡선이다.

앞에서는 가격이 주어질 때 수요량이 어떻게 결정되느냐를 보았다. 이제 수요가 변화할 때 가격이 어떻게 변화하는지를 보자. 만약 주어진 가격에서 그 재화에 대한 수요가 갑자기 증가한다고 하자. 주어진 조건하의 동일한 가격 수준에서 수요가 증가하게 되면 가격이 올라가고, 수요가 감소하면 가격이 내려가는 결과도 나타나게 된다. 그리하여 재화에 대한 소비자의 만족도 역시 그 재화 가격의 결정 요인이 된다.

한계효용이론이 가치론에 대해 어떤 함의를 가지는가? 바로 가치의 결정요인은 노동이 아니라 효용이라는 것이다. 따라서 노동가치론이 가졌던 난점을 회피할 수 있었다. 이제 생산조건이 아니라 소비조건을, 생산자의 권리가 아니라 소비자주권을 중시해야 했다.

이리하여 고전파경제학과 구분되는 새로운 시장이론이 등장한다. 이 이론은 시장 우선적 자유방임주의라는 점에서는 고전파와 같지만 개인주의에 근거하고, 소비에 초점을 두며, 균형을 강조하는 정학이며, 평균보다 한계를 강조한다는 점에서 고전파의 전체주의, 생산 중심, 평균주의, 동학 중심의 논리와 다르다. 이를 신고전파경제학Neo Classical Economics이라 부른다. 이를 통해 신고전파경제학은 생산, 유통, 소비, 분배를 경제현상으로 바라보는 이전의 고전파경제학의 체계를 탈피하여 수요와 공급으로 모든 경제학을 재배치하였으며 오늘날 경제학(미시경제학)의 초기적 내용을 제공하였다.

　　하지만 동시에 효용이론은 흥미 있는 이론적 결과를 초래하기도 했다. 주지하듯이 고전학파의 정책적 함의는 자유방임주의다. 그런데 한계효용의 체감 법칙이 만약 화폐에도 적용된다고 하면, 놀라운 결과가 나타난다.

　　우선 '화폐의 한계효용이 체감 되는가'라는 문제를 살펴보자. 부자에게 백만 원을 줄 때의 만족도와 가난한 사람에게 백만 원을 줄 때의 만족도를 비교할 수 있을까? 아마도 직관적으로 부자의 백만 원의 가치는 가난한 사람의 백만 원의 가치보다 낮다는 점을 이해할 수 있을 것이다. 그렇다면 화폐의 한계효용도 체감할 수 있다는 결론에 도달한다. 만약 부자의 소득을 가난한 자에게로 이전시키면 사회 전체의 총 효용이 증가할 것이다. 이것은 벤담과 밀이 초기의 자유방임주의를 부정하고 국가개입주의로 변하는 이유의 하나가 될 수 있다. 밀은 개인의 효용을 순수하게 개인의 차이에만

두는 (사회적 판단을 부정하는) 순수공리주의를 부정하고, 후기 벤담의 절충적 공리주의를 받아들여 자유방임주의를 부정하였다.

## 철모 위의 쇠구슬─일반균형이론

균형의 개념은 원래 고전파경제학에 있는 개념이 아니었다. 고전파경제학은 시장기구에 주목하였고 시장에 경제적 운행을 맡기는 자유방임주의를 주장하였지만, 기본적으로 자본주의의 장기적 동태에 관심을 가졌다. 자본주의의 작동은 짧게는 십 년을 주기로 하는 경기순환을 특징으로 하고 있으며, 이러한 경기순환을 통해서 상업자본주의에서 산업자본주의, 독점자본주의로 진화하는 동태적 체제였다.

그러나 한계효용개념을 기반으로 고전파 이론을 혁신했던 신고전파경제학은 경제체제를 기계적 체계로 유추하는 물리학적 관점을 받아들였다. 물리학에서 균형 개념은 '외적 충격이 없는 한 그 상태를 유지하려는 성질'을 의미한다. 철모를 생각해보자. 위를 쳐다보는 철모의 가운데에 쇠구슬을 두면 그 쇠구슬은 움직이지 않고 가만히 있을 것이다. 이는 물리학에서 말하는 균형 상태라고 할 수 있다. 이것은 직관적으로 분명하다. 그렇다면 뒤집어서 엎어둔 철모의 정중앙에 쇠구슬을 둘 수 있을까? 실제로는 쇠구슬이 자꾸 미끄러지겠지만, 이론상으로는 정중앙에 둘 수 있다. 만약 정중앙에 둔다면 이 쇠구슬은 분명 가만히 있을 것이다. 따라서 이것도 균형 상태라고 할 만하다. 양자의 차이는? 그렇다. 불안정성이다. 전자의 쇠구슬은 외적 충격이 주어질 때 일정한 수

- 철모 안의 쇠구슬
- 뒤집어진 철모 위의 쇠구슬

렴과정을 거쳐서 정중앙으로 되돌아오려는 경향을 가진다. 하지만 후자의 경우는 조금만 외적 힘이 가해져도 정중앙에서 쉽게 이탈해서 다시는 중앙으로 돌아오지 못할 것이다. 전자를 안정적 균형, 후자를 불안정적 균형이라고 부를 수 있다. 하지만 양자 모두 균형이라는 점에서는 동일하다.

경제학에서 생각하는 균형이란 시장에서 이루어지는 수요와 공급의 마주침이 바로 이러한 의미에서의 균형 상태라는 것이다. 즉 균형이면서, 외적 충격이 있을 때 균형으로 다시 복원되는 경향이 있는 안정적 균형이다. 《순수 정치경제학요강Elements d'economie politique pure》에서 발라스는 바로 이러한 균형 개념을 수학적으로 엄밀히 하고, 그 의미를 분명히 했다. 이러한 균형의 정의와 균형으로 가는 과정에 대한 설명의 기반이 되는 경제학 모형을 '발라스의 경매인 모형(완전경쟁모형)'이라고 부른다.

만약 이러한 균형이 현실 속에서 증명된다면 이것은 애덤 스미스가 설명하고자 했던 대담한 체계를 보다 이론적으로 엄밀하게 논증하는 셈이 된다. 특히 수요와 공급이 마주치는 균형점이 외적 충격에도 불구하고 안정적으로 복귀된다면 수요와 공급의 과부족 사태, 즉 일반적 과잉이나 실업 등은 무시해도 좋을 경제적 현상이 될 것이다.

발라스는 이 모형에서 말하는 균형이 직관적으로 명확한 듯 보이지만, 사실 현실 속에서 도달하기 어려운 과정이라는 점을 간과하지는 않았다. 균형에서 이탈하게 하는 다양한 현실적 힘은, 예를 들어 공급 측면에서는 흉작과 전쟁 등으로 인한 공급의 감소를 들 수 있고, 수요 측면에서는 소비자 선호의 갑작스러운 변화나 소득의 변화 등을 들 수 있을 것이다. 아무튼 현실 경제에서 이러한 변화는 수시로 일어날 수 있고, 이러한 변화에 대해 시장경제가 얼마나 유연하게 반응할 수 있느냐는 것이 매우 중요했다.

균형에서 이탈한 후 새로운 균형으로 다시 수렴하기 위해 발라스가 상정한 모델은 발라스적 경매인을 가정한 것이다. 만약 균형에서 이탈한다면 경매인은 거래를 성사시키지 않고 초과수요 또는 초과공급에 따라 가격을 조절한다. 즉 초과수요 상태가 되면 가격을 올리고, 초과공급 상태가 되면 가격을 내린다. 전자의 경우 가격을 올리면 수요자의 반응은 수요곡선을 따라서 수요량을 줄이고, 공급자의 경우 공급곡선을 따라서 공급량을 늘리는 것이 될 것이다. 이는 곧 초과수요의 감소를 의미한다. 어디까지 조절될 것인가? 초과수요가 없어지는 순간까지다.

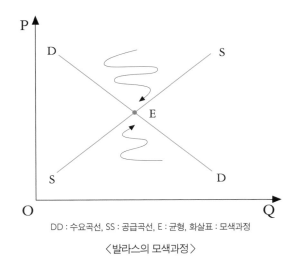

DD : 수요곡선, SS : 공급곡선, E : 균형, 화살표 : 모색과정

〈발라스의 모색과정〉

이 과정을 발라스는 모색과정이라 불렀다. 이러한 모색과정을 전제하면 현실의 시장은 바로 발라스가 생각한 모델로서의 시장에 근접하게 된다. 물론 현실의 시장에서는 초과수요와 초과공급이 있을 때 발라스적 모색과정과 달리, 수요 공급이 불일치하는데도 거래가 발생하는 수가 왕왕 있다. 예컨대 시장에서 여러분이 물건을 팔 때 물건이 많이 남는다고 가격을 떨어뜨릴 수도 있지만, 부분적으로라도 원래 정한 가격에 팔고 남는 것은 가져가 버릴 수도 있을 것이다. 다만 주식시장 등과 같이 일부의 시장은 발라스의 경매인 모형에 보다 근접한다. 주식시장에서는 사려는 가격과 팔려는 가격을 대응시킬 때 물량을 서로 맞추어서 물량이 일치하는 지점에서 가격을 결정하고 매매가 이루어진다. 하지만 일상의 시장에서 수요 공급이 일치할 때까지 거래를 하지 않고

가격을 조절한다는 것은 좀체 없는 일이다.

발라스가 기여한 두 번째 요소는 일반균형이론이다. 지금까지 우리는 수요와 공급곡선의 균형을 설명할 때 시장만을 가지고 이야기했다. 하지만 현실의 경제는 무수한 시장들로 구성되어 있어서 정말 사회 전체가 균형에 도달한 것인가의 여부는 별도의 논의를 요한다. 발라스는 이론의 모형으로만 존재하는 균형 체계를 현실의 시장경제 사회에 적용하기 위해 무수한 시장이 존재하는 것을 상정하는 연립방정식 체계를 구축하여, 시장경제 전체에 존재하는 무수한 종류의 시장이 동시에 균형에 달성되어 과부족이 없어지는 모델을 구축했다. 이로써 신고전파경제학은 수학적 모델을 완성했던 것이다.

## 3. 신고전파의 정립

### 최초의 직업 경제학자, 앨프레드 마셜

비록 발라스가 신고전파경제학의 수학적 모델에 성공하였다 하더라도 경제학의 본토는 영국이었다. 따라서 영국의 고전파경제학 전통 속에서 한계이론을 도입한 새로운 경제학의 기초가 필요했다. 뿐만 아니라 수학적 모델을 넘어서는, 경제학적 함의가 풍부한 새로운 경제학 체계가 필요했다. 즉 한계혁명에서 도달한 시장경제의 엄밀한 모델화가 무엇을 의미하는지, 또 그러한 새로운 체계를 통해서 무엇을 새로이 설명할 수 있는지를 규명할 필

마셜

요가 있었던 것이다.

이러한 일을 수행한 사람이 영국의 앨프레드 마셜Alfred Marshall이다. 마셜은 프랑스와 독일의 경제학자와는 달리, 경제학의 함의를 이해하려고 노력한 신고전파경제학자다. 마셜이 제본스의 한계이론을 이용하여 정립한 경제학 체계는 오늘날까지도 미시경제학 체계의 골격을 이루고 있다. 따라서 그의《경제학원리Principles of Economics》(1890)는 애덤 스미스의《국부론》, 존 스튜어트 밀의《정치경제학원리》에 이은 주류경제학의 대표적인 고전이다.

고전파경제학이 신고전파경제학으로 정립되는 과정에서 마셜이 기여한 바는 한계효용학파의 한계개념을 생산이론으로까지 확장했다는 점이다. 마셜은 한계효용이론이 수요 측면만 일방적으로 강조했다고 보고, 생산이론을 같은 원리에 의해 보완함으로써 수요뿐 아니라 생산이라는 '양날의 칼two blades of scissors'이 동시에 작용하여 가격이 결정된다고 보았다. 이는 수요 측면을 강조하는 한계효용이론과 생산 측면을 강조하는 고전파 이론을 통합하려고 한 시도의 산물이었다. 그러나 생산의 측면에도 한계이론을 적용했다는 점에서 그는 고전파의 전통을 떠났다고 보는 것이 옳을 것이다. 이 같은 생산에서의 한계이론은 '한계생산성 체감의 원리'라고 불린다.

한계생산성 이론은 생산함수를 가정하여 설명된다. 생산함수는 투입인 생산요소와 결과물인 생산물의 관계를 나타낸다.

$$Q = f(L, K)$$

여기서 L은 노동, K는 자본을 의미하는데 이 표시는 생산과정에 대한 경제학의 고전적 문제를 암시하고 있다. 즉 생산과정에 투입되는 노동자를 기계류와 어떻게 구분할 것인가의 문제다. 살아 있는 생산요소로서의 노동자와 죽어 있지만 노동력의 생산성을 증대시킬 수 있는 기계를 어떻게 구분하며 각 요소가 어떻게 기능을 한다고 볼 것인가의 문제다.

이에 대한 신고전파의 대답은 양자를 구분하지 않는다는 것이었다. 현실의 차이는 가변적인 요소냐 고정적인 요소냐의 차이로 설명한다. 현실에서 노동력은 비교적 단기에 조정 가능한 생산요소인 반면, 기계는 구입비용이 매우 비싸므로 단기에는 투입량을 조정하기가 쉽지 않다는 특성에 주목한 것이다. 하지만 현실에서는 말(言)이 많은 산 노동력과 말(言)이 없는 죽은 사물이라는 차이도 있고, 의외로 노동도 투입수량을 조절하기 쉽지 않다는 특성이 있기 때문에 이와 같이 단순하게 구분할 수가 없다. 신고전파가 시기로 구분한 생산함수의 투입요소에 대한 L, K의 차이는 결국 기간의 문제일 뿐 본질적 차이는 없다는 것이다.

이제 이러한 생산함수를 전제한 후 가변적 생산요소는 L 하나뿐이라고 하면, 노동이라는 생산요소를 추가로 투입할수록 총 생산량은 비록 증대하지만 추가적 생산물, 즉 한계생산물은 감소하는 구간이 존재하게 된다. 이는 마치 동일한 면적의 토지에 비료와 노동력을 계속 투입하면 생산량은 증가하겠지만, 추가 생산량

(한계생산량)은 감소하게 된다는 경험적 사실과 일치한다. 이것이 노동의 한계생산체감 현상인 것이다.

노동의 한계생산체감 현상은 두 가지 현상과 관련된다. 하나는 공급곡선이다. 즉 생산자는 주어진 가격에서 공급량을 결정하기 위해 한계수입과 한계비용을 비교하여 이윤을 극대화하는 생산량을 결정하려고 한다.

노동의 한계생산체감이 여기서 왜 중요한가? 한계생산체감 현상을 뒤집어서 보면, 동일한 추가 생산량을 위해서는 더 많은 노동력의 투입이 필요해진다는 것을 의미한다. 이는 다시 임금이 동일할 때 동일한 추가 생산량을 위해서는 더 많은 비용이 필요하게 된다는 것을 의미한다. 추가 생산량을 위해 필요로 하는 추가 비용을 한계 비용이라 부른다. 따라서 한계생산체감이 있다면 한계 비용이 점차 늘게 된다.

이 현상은 생산자에게 어떤 의미가 있는가? 한 단위 생산을 추가하기 위해 들어가는 비용, 즉 한계비용과 한 단위 생산물로부터 얻게 되는 수입, 즉 한계수입은 이윤극대화의 중요한 기준이 된다. 이를테면 한 단위를 추가 생산함으로써 얻는 한계수입이 한 단위를 추가 생산하는 데 드는 한계비용보다 더 크다고 해보자. 그러면 생산을 한 단위 더 증가시킬 때, 한계이윤이 +가 된다. 따라서 총 이윤이 더 증가하게 되는 것이다. 반대로 한계수입보다 한계비용이 더 크다고 하면, 생산량을 한 단위 증가시킬 때 한계이윤이 -가 되어 총 이윤이 감소한다. 결국 한계수입과 한계비용이 같은 지점에서 생산을 멈추는 것이 이윤을 극대화하는 생산량이 된다는 것이다. 만약 한 단위의 가격이 생산량과 상관없이 변하지 않고 P로 주어져 있다고 하자. 그렇다면 '생산량 × P'가 총수입이 될 것이며, P 자체는 한계수입이 된다. 반면 한계생산이 체감하는 현상으로부터 한계비용이 점차 늘어난다는 결과가 나오므로 한계비용은 생산량이 증가함에 따라 점차 증가한다. 한계수입이 가격(P)으로 고정되면 최적 생산량은 '한계비용=P'인 지점에서 이루어진다. 따라서 한계비용곡선은 바로 생산자의 공급곡선이 된다.

한계생산 체감현상과 연관되는 두 번째 현상은 소득분배이론이다. 신고전파가 한계생산가치와 임금 수준을 동일시하는 것도 한계이론을 적용한 것이다. 한계생산에 가격을 곱하면 한계생산가치라고 불리는데, 이는 노동을 한 단위 추가적으로 투입하여 얻게 되는 추가적 이득이 된다. 반면 노동을 한 단위 추가적으로 투입하는 데 들어가는 비용은 한 단위당 노동비용, 즉 임금이 될 것이다. 임금은 노동의 고용량에 무관하게 일정하다고 하자. 그렇다면 한계생산가치와 임금이 일치하는 수준으로 노동량을 고용하면 이윤 극대화가 달성된다. 예를 들어, '한계생산가치 〉 임금'이라고 하자. 그렇다면 노동량을 늘렸을 때 '한계수입 − 한계비용', 즉 한계이윤은 +가 되어 총 이윤이 증가한다. 반대의 경우는 노동량을 줄여야만 총 이윤이 증가할 것이다. 따라서 기업가는 총 이윤을 극대화하기 위해 노동의 한계생산가치가 임금과 같은 지점까지 노동을 수요해야 한다. 이 말은 뒤집어서 보면 노동자의 임금은 노동자가 공급하는 노동력의 한계생산가치, 즉 한계생산성만큼이라는 말이 된다. 결국 노동자의 임금은 노동자의 생산성에 비례한다.

여기에서 고전파의 임금론과 신고전파의 임금론이 다르다는 점을 발견할 수 있을 것이다. 고전파의 임금론은 '임금철칙설' 또는 '임금기금설'이었다. 전자는 리카도가 주장한 것으로, 노동자의 임금은 실질임금이 생존 수준에서 결정된다는 이론이다. 후자는 임금 총량이 고정되어 있고 이것을 노동인구가 나누어 가진다는 것, 따라서 노동인구가 줄면 임금은 상승하고 노동인구가 늘면 임금은 하락한다는 설명이다. 하지만 신고전파에 따르면 노동자의 임금은 생존임금이나 임금기금설이 아니라, 노동자의 생산성에 비례한다. 이 이론은 이후의 소득분배론에 강력한 근거이자 무기가 되었는데, 노동자의 임금 차이에는 정당한 근거가 있다는 정당화 논리이기 때문이다. 다른 한편 이 이론은 한계이론의 적용이라는 점에서 한계이론의 일부가 되었다.

지금까지 설명한 수요와 공급곡선의 설명은 현대 주류경제학에서 채택한 표준적 해석이다. 이로 인해 마셜은 신고전파 이론을 집대성한 학자로 평가된다. 물론 마셜은 공급곡선의 전제로써 필요한 한계생산성체감의 법칙이 현실 사회에서는 성립되지 않을 수도 있다는 점을 알고 있었다. 이를테면 다양한 투입이 존재한다면 투입의 비율을 조정하여 한계생산성 체감을 극복할 수도 있다. 또한 통신, 전력, 항공 산업, 철강 등 초기 투자가 대규모로 이루어져야 해서 규모를 키울수록 단위 비용이 줄어들 수 있는 산업의 경우는 한계생산이 늘어날 수도 있다. 기업들이 서로 모여 생산을 하는 클러스터cluster의 경우 일종의 외부경제가 작용할 수도 있다. 이와 같이 마셜은 수요·공급이라는 두 개의 마주치는 힘의

산업클러스터란 중소기업들이 동일 지역에 모여 서로 정보를 공유하는 기업들의 네트워크를 말한다. 중소기업은 단독으로 사업을 영위할 경우 여러 정보와 노하우 면에서 불리할 수 있으나, 지역적으로 집적되어 있으면 필요한 정보를 쉽게 활용할 수 있다는 장점을 갖게 된다.

작동을 통해 매끄럽게 시장에 대해 설명하려고 노력했지만, 이에 수반되는 모순적 상황에 대해서도 눈을 감지는 않았다.

마셜의 위대함은 여기에 그치지 않는다. 마셜은 모든 것을 한계이론으로만 설명하려고 하지 않았고, 한계이론에서 설명할 수 없는 경제학적 현실에도 관심을 가졌다. "냉철한 머리와 따뜻한 가슴"이라는 명제는 마셜이 경제학자가 모름지기 가져야 할 직업윤리로서 제시한 것이다. 이는 마치 의사의 직업윤리에 대한 히포크라테스의 선서에 버금가는 명제다.

마셜의 연구는 이에 걸맞게 자신의 이론 체계인 한계이론의 영역에서 벗어나는 현상에 대해서도 주목했다. 마셜은 수학을 지나치게 경제학에 적용하려는 태도에 대해 경계했다. 또한 균형에 대한 물리학적 비유를 수용했음에도 불구하고, 기업이론에 대해서는 생물학적 비유인 진화이론을 받아들였다. 마셜은 다른 신고전파경제학자들과 비교하면 상식을 강조한 경제학자였다. 그러나 이후의 주류경제학은 마셜의 이러한 이단적 요소를 빼고, 주류적 요소만으로 신고전파를 재구성하였다.

휴~ 물가가 많이 올랐네

최초의 직업 경제학자 마셜

마셜은 최초의 직업 경제학자였다. 이는 경제학을 하기 위해서는 특별한 훈련을 해야 하는 현실을 반영한다. 그런데 이는 동시에 현실의 문제에 문외한인 경제학자도 가능하게 된 계기가 되었다. 마셜은 평생 대학에서 경제학 연구에만 집중했는데 이로부터 현실에서 유리되어 연구실에서 경제학의 논리 체계의 정합성을 완성하는 데 골몰하는 경제학자의 상이 마셜에서 시작했다고 해도 과언이 아니다. 이제 경제학은 현실 경제를 설명하는 이론이 아니라, 그 자신의 세계관을 가진 세계를 완성해 나가는 창조자의 임무를 맡았다. 물론 간혹 대가(大家)가 한 번씩 출현하여 이 광대한 세계관(경제학)이 현실에서 무엇을 의미하는가를 설명하는 역할을 맡기는 했지만 말이다.

### 빌프레드 파레토와 신고전파 세계

마셜이 《경제학 원리》를 발간한 1890년부터 1차 대전까지는 '아름다운 시기Belle Epoque'라고 불린다. 1870년대에서 1890년대까지 20여 년간 공황을 겪은 후, 자본주의는 제2의 산업혁명기라고 불릴 수 있을 정도로 새로운 성장의 시기를 맞았기 때문이다. 전화와 전기의 발명, 자전거, 자동차, 비행기, 화학제품 등의 발명과 개발이 줄을 이었다. 이전 시기의 고전파경제학에서는 애덤 스미스의 장밋빛 전망 이후 자본주의의 미래에 대한 암울한 전망이 지배적이었다. 칼라일이 경제학을 '암울한 과학'이라 말했다고 앞에서 지적한 것을 떠올려보라. 그러나 마셜이 살았던 시기는 자본주의가 그러한 주기적 공황에서 막 벗어나 경기 활황세를 즐기고 있을 때였다. 생산성이 증대했고 교통, 통신 등 대규모의 자본 투자가 필요해지면서 동시에 대규모의 산업이 등장하게 된다.

한편 이 시기는 또한 노동운동이 조직화되고, 파업의 물결이 전 국가를 뒤덮은 시기이기도 했다. 경제적 번영으로 최하층을 제외한 다수의 노동계급의 물질적 복지도 상당히 개선되었다. 1880년 대에 들어서면서 영국에서는 사회개혁이 더욱 강화되어 대중보건, 공장법, 노동조합에 관한 법이 통과되고 대중교육이 제도화되었다. 1884년 영국에서는 전체 성인 남성의 선거권이 확보되었다. 동시에 유럽에서는 노동운동이 일반화되어 많은 노동자들이 파업에 참석하고, 1893년에는 독일 노동당이 대중적 인기를 얻게 되었다.

파레토

이탈리아 출신의 경제학자 파레토Vilfredo Pareto는 이 시기에 발라스, 마셜 등에 의해 발전한 한계이론과 신고전파 이론을 집대성하고, 경제학이 우리 사회에 가지는 함의를 정리한 사람이다. 그는 '후생경제학' 부문의 주요한 창시자로 간주된다.

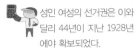

성인 여성의 선거권은 이와 달리 44년이 지난 1928년에야 확보되었다.

파레토는 어떤 사회에서 한 구성원의 후생을 침해하지 않고서는 다른 구성원의 후생을 증가시킬 수 없는 경우의 상태를 '파레토 최적'이라고 정의하였다. 완전경쟁시장은 바로 이러한 의미에서의 파레토 최적 상태이다. 이는 완전경쟁시장의 상태에서는 시장이 효율적 자원배분을 달성한다는 것과 같은 뜻이다. 여기서 효율적 자원배분은 파레토 효율이라고도 불리는데, 파레토 효율을 달성하면 시장 성공이 초래된다.

경제학에서 이야기하는 효율성이란 상식적인 의미의 효율성 개념보다는 좀 더 정교하다. 그것은 곧 극대화maximization 원리이다. 즉 자원배분의 효율성이란 자원배분의 결과 생산이든, 후생이든 어떤 지표에서든 배분 상태가 최대 목표를 달성한다는 것이다. 여기서 완전경쟁시장은 다수의 공급자와 다수의 소비자가 대면하는 시장이며, 진입 장벽이 없어야 한다.

경제학에서 후생으로 번역되는 welfare는 '복지'라는 뜻이다. 따라서 복지경제학이라고 불러야 할 것을 후생경제학이라고 번역하여 경제학의 궁극적 관심이 사회적 복지라는 관점이 많이 약화되고 있다. 그럼에도 불구하고 경제학이 개별적 경제주체의 의사결정에서 출발하지만, 사회적 복지의 문제가 궁극적 탐구 대상이라는 점에는 변함이 없다. 이런 면에서 비로소 경제학이 사회과학의 한 분과가 되기 때문이다.

따라서 파레토가 상정하는 완전하고도 효율적이며 최적인 사회로서의 완전경쟁시장은 이론적 구성물이라 할 수 있다. 이는 첫째, 벤담의 쾌락주의적 공리주의 인간관을 전제하고 있으며 둘째, 수학적 방법론을 채택하는 반면 정치적·제도적 요인을 배제하고 셋째, 역사성과 외적 정합성을 배제하여 구축된 것이다. 그리하여 얻은 것은 무엇인가? 그것은 바로 '보이지 않는 손'에 관한 애덤 스미스의 시장 성공의 정교한 논증이다.

이러한 정교한 논증은 매우 엄격한 이론적 가정을 필요로 하는데, 완전경쟁시장이라는 가정이 바로 그러하다. 이후의 경제학자들은 완전경쟁시장에서 말하는 경쟁이 현실에서 존재하는 경쟁과 다르다는 점을 금방 알아챘다. 이론적으로 너무나 정교하기 때문에 완전경쟁시장의 경쟁은 사실상 경쟁이 아니라 '진공'의 상태나 마찬가지인 것이다. 그리하여 여기서 생산자와 소비자는 무수히 많고 서로에게 아무런 영향을 미치지 못하기 때문에 실제의 경쟁과는 동떨어진 양상, 즉 타인을 감안한 경쟁을 할 필요가 없다는 역설적 양상이 나타난다.

따라서 여기서의 신고전파경제학에 대한 도전은 다루는 연구 대상이 실제의 경제 현실과 얼마나 일치하느냐는 자문에서 출발한다. 즉 지나치게 협소한 이론적 가정이 도전받기 시작한 것이다.

이러한 도전 중 자유방임주의와 시장주의에 대해서는 아주 일찍부터 논란이 전개되었다.

우선 첫째는 맬서스에 의해 제기되고 케인스에 의해 이론화된, 일반적 과잉의 가능성이다. 일찍이 고전파경제학의 신조는 생산된 상품은 어쨌거나 다 팔릴 수밖에 없다는 생각이었다. 이를 경제학은 '세의 법칙'이라 부른다. 이에 따르면 생산된 상품이 수요보다 과잉하다면 가격이 내려가지만, 결국 수급은 무조건 일치하게 된다. 하지만 맬서스는 다 팔리지 않을 과잉생산의 가능성을 자본주의적 생산의 혁명에서 보았다. 자본가들은 생산하고 검약할 것이며, 노동자는 소비할 충분한 소득을 얻지 못한다. 이때 생산하지 않고 소비만 하는 특별한 계급(맬서스는 지주가 이 역할을 맡는다고 보았고, 케인스는 국가가 이 역할을 맡는다고 보았다)이 없다면 결국 과잉생산이 일어날 것이라는 생각이었다. 물론 맬서스의 이 논리는 세의 법칙에 의해 박살 나고 이후 케인스가 '불균형의 균형' 이론을 설명하기 전까지는 주류경제학에서 수용되지 않았다. 하지만 주기적 과잉생산에 따른 공황은 바로 이 문제를 현실에서 보여주는 것이었다.

고전파와 신고전파의 시장성공의 믿음에 대한 두 번째 비판은 마르크스로부터 출현했다. 마르크스는 자본주의적 생산과정의 문제로 초점을 이동시켜 결국 생산에서의 적대인, 계급투쟁의 문제가 자본주의 미래 동학의 핵심이라고 주장하였다. 마르크스의 이 비판 때문에 사실상 고전파는 노동가치론에서 탈출하여 신고전파의 효용이론으로 진화했던 것이다. 그러므로 마르크스의 관점에 의하면 고전파에서 신고전파로의 진화과정을 경제학의 퇴행으로 간주할 수도 있다. 현대 경제학에서는, 고전파경제학이 소득의 계급 간 분배 문제에 대한 관심 때문에 정치와 경제에 대한 종합적 사고를 한다는 점에서, 고전파적인 정치경제학으로의 복귀의 필요성에서 마르크스의 의미를 재확인하기도 한다.

하지만 이제 신고전파 이론이 이전의 고전파 이론과는 비교할 수 없을 정도로 엄밀한 이론을 가지고 시장의 성공, 즉 보이지 않는 손의 위력을 증명하였기 때문에 신고전파를 비판하고자 하는 입장에서는 그러한 엄밀한 가정 자체를 논의의 대상으로 하게 되었다.

그것은 완전경쟁시장의 정의와 관련된 것이다. 만약 완전경쟁시장의 조건이 충족되지 않는다면 시장의 성공을 증명할 수 없기 때문이다. 그러한 경우의 대표적 사례는 불완전경쟁, 공공재 및 외부성의 문제다.

발라스와 파레토 등이 말하는 완전경쟁이란 다수의 공급자와

다수의 수요자가 존재하고 해당 시장에의 진입이 자유로운 상태여서 수요자와 공급자가 가격에 영향력을 행사하지 못하는 것을 의미한다. 따라서 시장에서 가격을 결정할 수 있을 정도로 시장 지배력 또는 독점력을 가지게 되면 완전경쟁이라는 조건이 성립하지 않게 된다. 이것이 불완전경쟁의 문제다.

두 번째로는 시장에서 거래되는 재화가 아이스크림, 사과 등 일반적인 사적 재화여야 한다. 하지만 어떤 재화, 예를 들어 치안과 국방, 공공방송 같은 것은 이러한 사적 재화와 속성이 다르다. 이 경우는 소비를 여러 명이 할 수 있다. 텔레비전을 한 명이 볼 수도 있고, 여러 명이 모여서 볼 수도 있다. 소비할 때마다 소비자 하나하나를 골라내서 돈을 받기가 어렵다. 텔레비전의 수신료를 걷기가 어려운 것을 생각해보면 금방 이해가 갈 것이다. 이러한 재화를 공공재public goods라고 한다. 공공재를 시장에서 생산한다면 사회적으로 최적이라고 생각되는 것보다 일반적으로 작게 생산되는 경향이 있다.

셋째는 어떤 재화는 소비할 때 그 추가적 만족도가 감소하는 것이 아니라 오히려 증가하는 것이 있을 수 있다. 예방 접종을 생각해보자. 예방 접종은 한 사람이 맞는 것보다 여러 사람이 맞을 때 사회적 효과가 더 극대화될 것이다. 이 경우는 한 사람에 대한 예방 접종, 두 사람에 대한 예방 접종, 이렇게 사람 수가 증가할 때의 추가적 편익이 감소하는 것이 아니라 더 증가할 수 있다. 하지만 이러한 증가분에 대해서 시장은 아무런 보상을 해주지 않는다. 이러한 것을 플러스(+)의 외부성이 있다고 한다. 반대의 경우

실제로 우리나라에서는 수신료를 전기료에 얹어 일괄 징수한다. 그래서 드문 예이지만 텔레비전을 보지 않는 사람들이 수신료를 안 내려고 한다면 매우 고생을 할 것이다.

도 있을 수 있다. 공해 같은 경우가 그 예이다. 공해로 인해 발생하는 피해를 복구하기 위해서는, 사람들이 병원에 가고, 정화를 해야 하는 등, 사회적으로 볼 때 분명히 비용이 든다. 하지만 공해를 유발한 기업은 그 비용을 지불하지 않는다. 따라서 그 기업의 생산비용에는 공해를 정화하는 비용이 포함되지 않게 되어 사회적 최적량보다 더 많이 생산하게 될 것이다. 이를 마이너스(−)의 외부성이라고 부른다.

이러한 세 요인이 주류경제학에서 일반적으로 인정하는 시장 실패의 조건들이다.

이후에 새로이 발견된 시장 실패의 요인으로는, 경제 주체가 의사결정을 할 때 상대방을 의식하는 경우와 거래 과정에서 정보가 완전하지 않은 경우가 있다. 이는 각각 게임이론에 의해 전략적 행동에서의 균형 문제, 새케인지안에 의해 불완전 정보의 문제로 정식화되어 신고전파 이론의 한계에 대한 비판으로 제기되었다.

하지만 이보다 우선은 케인스의 비판을 짚고 넘어가야 한다.

영화 속의 경제
레즈

〈레즈Reds〉는 1차 대전을 겪은 미국과 10월 혁명을 겪은 러시아를 배경으로 저널리스트이면서, 공산주의자 작가였던 실존 인물 존 리드 John Reed의 일생을 워렌 비티Warren Beaty가 주연하고 감독한 작품 (1981)이다. 레즈는 속칭 '빨갱이', 즉 공산주의자를 뜻하는데, 전 세계가 여전히 냉전 중에 있었던 1980년대에 우파의 중심 진영에 있던 미국에서 이 영화를 제작했다는 점이 놀랍다.

감독 워렌 비티는 미국인으로서 표현과 생각의 한계가 있었지만, 우파와 좌파의 편 가르기가 심하던 때 자신의 신념을 가지고 영화를 제작했고, 이 때문에 영화는 그 자체로 의미 있는 작품으로 평가된다. 존 리드는 《세계를 뒤흔든 10일간Ten Days That Shook The World》(1919)이라는 책에서 러시아 혁명을 시대순으로 현지 조사하여 보고하였다. 이 책에 감명을 받은 워렌 비티가 감독과 주연을 맡아 영화를 만들었으며, 그는 이 작품으로 아카데미 감독상을 받았다.

존 리드는 공산주의자이며 여성인권운동가인 브리안과 사랑을 나눈

실존 인물 존 리드

다. 하지만 서로를 구속하지 않겠다는 약속을 지키려 연인을 떠나면서 공산주의의 실체를 알기 위해 러시아로 떠나게 된다. 그러나 브리안 역시 존 리드를 잊지 못하고 러시아로 따라가게 된다. 두 사람은 러시아에서 신분과 격식에 얽매이지 않는 노동자와 농민의 나라가 건설되는 것을 경험하면서 이상과 현실의 괴리를 뛰어넘어 서로의 사랑을 확인하게 된다. 그러나 볼셰비키 혁명을 눈앞에서 지켜보고 이념에 대한 확신으로 가득 찼던 주인공은 미국과 소련을 다니면서 점점 이념적 혼란을 겪는다.

영화에는 리드와 당대를 살았던 급진적 교육자이며 평화운동가, 리포터 및 작가, 소설가 등의 생존 증언도 수록되어 있는데, 이들은 영화 끝의 인터뷰에서 사회주의는 이제 점점 잊혀 가고 있고, 단지 이상일 뿐이었다는 회한에 가득 찬 말을 한다. 현실 사회주의의 모순이 심화되면서 자본주의와의 체제 경쟁에서 지고 있을 때, 역설적으로 워렌 비티는 이 영화를 세상에 소개했다. 그것은 아직 시장주의적 자본주의의 병폐는 끝나지 않았으므로 이를 끊임없이 견제해야 한다는 감독의 의도가 아니었을까?

# 자본주의의 황금기

신고전파경제학이 세상을 아무리 아름답게 그리더라도 실제 세상은 그렇지 못했다. 20세기 초두의 역사적 격변을 살아온 폴란드의 경제사회학자 칼 폴라니는 신고전파경제학이 묘사한 아름다운 세상, 즉 시장이 지배하는 세상이 결국 사회를 붕괴시키며 사회는 붕괴하지 않기 위해 스스로 방어할 기제를 만들어낸다고 주장했다. 이 사회의 방어기제가 출현하기 시작할 때 활약한 경제학자가 존 메이너드 케인스였다.

## 1. 신고전파에 대한 도전

### 제국주의 전쟁의 시작

자유방임 자본주의를 종식시킨 역사적 격변으로는 1차 대전,

사회주의 혁명, 대공황과 2차 대전을 꼽을 수 있다. 이 시기 인류가 겪은 역사적 참변을 또다시 겪을 것인가? 아니면 이러한 참변을 다시 반복하지 않을 정도로 인류는 현명해졌나? 그것은 알 수 없는 일이다.

1차 대전은 제국주의 전쟁이라고도 불린다. 선진 자본주의 국가들의 제국주의 경쟁의 귀결로 인해 나타났기 때문이다. 18세기 산업시대로 진입한 선진 자본주의 국가의 선두는 단연 영국이었다. 직물, 석탄, 증기기관 등으로 산업혁명을 선도했던 세계의 공장 영국은 1880~1890년의 공황을 겪는 동안 미국에 추월당했다. 20세기에 들어서면서 미국과 독일은 화학, 제련업, 전기 등을 통한 2차 산업혁명을 선도하며 새로운 열강의 자리를 차지하게 되었다.

각 나라 내부의 이러한 역동적 발전은 어떻게 표현되었는가? 그것은 비자본주의 국가에 대한 지배와 팽창으로 나타났다.

일찍이 상업자본주의, 산업자본주의 단계를 거치면서 영국을 중심으로 한 유럽 각국은 아시아, 아메리카 대륙을 식민지화하기 시작했다. 이러한 진출과정의 극단적이고 상징적 사례가 1840년의 아편전쟁이었다. 아편전쟁은 영국이 선진적인 산업화에도 불구하고 중국의 차를 수입하기 위해 은을 계속 유출하면서 발생한 양국 간의 거래 불균형 문제에서 출발했다. 영국과 중국 사이의 국제 거래 불균형은 여러 식민지를 거느린 영국으로서는 체면을 구기는 일이었으며, 은의 유출도 심각한 상황이었다.

영국은 인도의 식민지화 과정에서 캘리코라고 불리는 질 좋은 인도의 면직물 산업을 초토화시키고, 영국 공장의 면직물을 수출하고 있었다. 이는 인도 면직물 산업의 붕괴로 이어졌고, 인도의 소비수준을 극도로 악화시키고 재정을 파탄으로 몰고 갔다. 이 상황에서 영국은 인도의 아편을 중국에 팔아 은을 인도로 보낸 다음, 인도에 면직물을 팔아 이 은을 다시 영국에 가져와서는 중국의 차를 수입할 때 지불하는, 이른바 삼각 무역을 하게 된다. 그리하여 중국의 연안지방을 중심으로 점차 인도산 아편이 번지자 중국 황제(도광제, 1821~1850)는 임칙서 총독에게 명령을 내려 광둥 지역의 아편 무역을 금지시켰다. 이에 대해 아편 무역을 담당했던 영국의 동인도회사는 영국의회에 파병을 요청하였다. 영국의회는 1840년 4월 10일, 논란 끝에 찬성 271 대 반대 262표로 파병을 결정하고 전쟁에 돌입하였다. 이 전쟁이 발발하기 전만 해도 영국보다 중국의 국력이 훨씬 막강한 것으로 알려져 있었지만, 중국의 포와 군함은 산업혁명을 거친 영국의 현대식 포와 군함을 당해낼

아편전쟁을 묘사한 그림

수 없었다. 이 사건은 결국 자본주의가 비자본주의 국가로 진출하는 데 가장 중요한 걸림돌을 극복한 상징적 사건이라 할 수 있다.

이후 아시아, 아메리카를 식민지화한 제국주의 열강들은 아프리카를 분할 점령하였다. 1890~1910년까지 아프리카의 대부분의 영토는 영국, 프랑스, 독일, 벨기에, 이탈리아, 미국, 포르투갈, 스페인, 터키 등 서방 국가들의 손아귀에 떨어졌다.

영국의 저널리스트였던 존 홉슨John Atkinson Hobson은《제국주의론Imperialism》이라는 책에서, 이러한 현상들을 자본주의의 과잉생산이 탈출구를 찾는 과정에서 발생한 필연적 사건이라 해석했다. 또한 홉슨은 이러한 제국주의의 무한 팽창 과정은 스스로를 파괴시키는 전쟁을 유발할 것이라고 예견했다. 자본주의는 자신의 소비능력을 초월하여 생산하는, 스스로 해결할 수 없는 난제를 가지고 있기 때문에 단순히 정복욕만이 아니라 체제의 필연성으로 인해 제국주의로 전환된다는 주장이었다.

특히 홉슨은 자본주의가 소득의 불평등을 낳고 이로 인해 부자도, 가난한 자도 충분한 소비를 할 수 없게 된다고 주장했다. 가난한 사람은 돈이 없어 소비하지 못하고 부자는 소득이 너무 많아서 소비를 하지 못한다. 부자가 소비할 능력이 없다는 말은 좀 이상하게 들린다. 그러나 홉슨은 케인스의 한계소비성향을 미리 알고 있었던 듯하다. 그에 따르면 부자는 소비를 감당할 육체적 능력이 없다는 것이다. 따라서 부자는 저축을 할 수밖에 없다. 이 저축이 한 나라 안에서 누적되고 누적되면 해외로 빠져나가게 되는데 이것이 자본 유출, 즉 해외 투자인 것이다. 여기서 맬서스를 잇는, 자본주의의 세의 법칙에 관한 새로운 이단론자가 등장한다. 맬서스에게 과잉생산의 탈출구는 지주였다. 그렇다면 홉슨에게 그 탈출구는 무엇인가? 바로 해외 투자다.

그러나 자본주의의 외부는 한정되어 있고 모든 제국주의 국가들이 경쟁적으로 해외투자를 하게 되면 결국 끝에 가서는 서로 충돌할 수밖에 없다.

자본의 해외 진출과 결합된 유럽 선진국의 식민지 쟁탈전은 외교적 · 군사적 충돌을 가져왔고 이는 결국 독일-오스트리아-이탈리아의 3국 동맹과 영국-프랑스-러시아의 3국 연합 사이의 1차 대전으로 비화되었다. 이 전쟁 중에 천만 명이 전사하고, 2천만 명이 부상하는 참극이 빚어졌다. 물론 1차 대전은 점증하는 민족주의 때문에, 즉 발칸반도에서 나타난 민족주의적 갈등에서 촉발된 것이었다. 하지만 이러한 국지적 충돌이 전 유럽의 전쟁으로 비화하게 된 내적 · 구조적 모순은 영국, 프랑스, 독일, 러시아, 이탈리아와 같은 유럽 제국들이 벌였던 식민지 쟁탈전에서 비롯된 갈등 때문이었다.

### 자본주의의 역사적 산물, 사회주의 혁명

1차 대전 후의 강화조약(1919년 베르사유 강화회의)에서 프랑스는 독일에 대한 오래된 원한 때문에 독일에 치욕적인 배상요구를 관철시켰다. 종전 협상에 영국 대표의 일원으로 참가한 케인스는《평화의 경제적 귀결*The Economic Consequence of the Peace*》(1919)이라는 책을 통해 패전국 독일에 대한 가혹한 전쟁 배상 조치를 완화해야 한다고 주장했다. 이 조약이 우선 독일의 경제적 능력을 파탄시킨 다음 독일로부터 배상금을 받아낸다고 하는 모순적 내용을 담고 있다는 것이다.

베르사유 강화회의

그는 연합국의 가혹하고 비현실적인 배상 요구가 계속된다면 전 세계가 심각한 국면에 처하게 될 것이라고 예언했는데, 이는 2차 대전으로 증명되었다. 독일이 베르사유 조약을 통해 지불해야 할 배상금은 독일의 수출 총액은 물론 국내 총생산량을 초과하는 액수였다. 독일은 몇 번이나 이 조약의 부당성을 주장했지만 번번이 묵살당하고, 연합군이 독일 공업 지역인 루르 지방을 점령하는 등 불안한 상황이 지속되자, 전쟁 배상금을 갚기 위해 돈을 마구 찍어냈고, 이 때문에 급속한 인플레이션이 발생했다. 이로인해 독일의 정치 정세는 매우 불안해져가고 있었으며, 동시에 내부적으로는 사회주의 운동이 격렬해져서 스파르타쿠스의 반란이 발생하고 진압되었다.

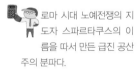
로마 시대 노예전쟁의 지도자 스파르타쿠스의 이름을 따서 만든 급진 공산주의 분파다.

1차 대전은 제국주의 전쟁이었고, 제국주의적 민족주의의 지배하에 있었다. 따라서 자본주의가 발전하면서 형성된 노동 계급의 사회주의 운동은 전쟁 와중에 민족주의에 휩쓸려 들어갔다. 사회

러시아의 사회주의 혁명을 묘
사한 그림

주의 운동은 1차 대전 중에 민족주의적 애국주의에 지배되었으
나 전쟁이 끝나자 노동운동이 다시 활성화되었고 특히 러시아에
서 발생한 사회주의 혁명은 이 운동에 기름을 부은 격이 되었다.

러시아의 사회주의 운동을 이끌었던 레닌Vladimir Ilich Lenin은
1916년 《제국주의론Imperialism》을 써서, "제국주의는 독점과 금
융자본의 지배가 뚜렷하고 자본 수출이 가장 중요하며, 세계의
분할이 국제적인 기업 합병에서 시작되는 동시에 가장 강력한 자
본주의 국가들 사이에서 세계 영토의 분할이 이루어지는 자본주
의 최고, 최후의 단계에 이른 자본주의"라고 규정하였다. 그리고
1차 대전의 와중인 1917년 차르를 타도하고 소비에트를 건설하
여 사회주의 혁명을 성공시켰다. 전쟁은 제국주의적 식민지 쟁탈
전의 결과였지만 동시에 러시아의 전제정치를 허약하게 만들어
혁명을 가능하게 했다. 러시아에서 나타난 소비에트 혁명은 유럽

의 구 제국주의 국가들을 깜짝 놀라게 했다. 그러나 그것이 자본주의의 구조적 진화를 요구하는 변화임을 알아채기 위해서는 2차 대전의 종결을 기다려야 했다.

경제사학자 존 케네스 갈브레이드J. K. Galbraith는《경제사 여행A Journey through Economic Time》에서 1차 대전을 현대 경제사의 대전환점, 즉 현대 경제 시대를 예고한 대전환점이라고 보았다. 그는 2차 대전이 사실상 이때 시작한 전쟁의 마지막 전투라고 보았다.

세계 대전이라는 역사적 상황 자체가 자본주의가 낳은 무정부성을 잘 보여주는 것이었고, 전쟁의 사이에 끼어 있는 사회주의 혁명 역시 전쟁과 혁명 모두 자본주의의 역사적 산물이라는 것을 보여주는 좋은 에피소드였다. 그러나 마지막 에피소드가 남아 있었다. 전쟁과 혁명으로도 해결되지 않는 자본주의 자기 붕괴의 스토리, 즉 공황의 대폭발이 그것이었다.

## 자본주의 자기 붕괴의 스토리,
### 대공황과 2차 대전

1929년의 대공황은 이전의 주기적 공황과 비교할 수 없을 규모로 발생한 자본주의 역사상 최초의 체제 위기라고 볼 수 있다. 미국에서 발생한 1929년 대공황은 발발한 지 3년 만에 공업 생산율을 60퍼센트로 떨어뜨렸고, 총

대공황으로 실업자가 된 사람들이 무료 급식소에서 음식을 배급 받고 있다

생산뿐 아니라 무역도 3분의 1로 감소시켰다. 실업률은 25퍼센트에 달했다. 전 세계적으로 향후 10년간 세계 무역은 50퍼센트로 폭락했으며, 수천만 명의 실업자를 양산했고, 생산수준 역시 50퍼센트로 폭락했다.

대공황은 1929년 10월 24일, '검은 목요일Black Thursday'이라고 불리는 금융공황으로 시작되었다. 주식시장과 부동산시장의 폭등과 폭락이라는 전형적인 금융투기의 발생과 붕괴였다. 하지만 금융의 붕괴는 단기간에 회복되지 않고 실물 생산에까지 치명적 영향을 주었는데, 이후의 경제사학자들은 이것이 단지 통화량을 충분히 공급하지 않은 잘못된 금융정책 때문이었는지 아니면 소비 위축으로 인한 실물 부분의 근본적 모순 때문이었는지에 대해 많은 논쟁을 벌였다. 하지만 대체적으로 총 수요의 급감이 주요한 원인이라는 데는 의견의 통일을 보고 있다.

미국에서 대공황이 시작된 것은 산업혁명 이후 경제가 급속히 발전한 데 따른 결과이기도 하다. 1920년대는 미국 경제의 황금기였다. 대량생산 체제로 높은 수준의 생산성 증가를 향유했지만, 1차 대전 이후 엄청난 생산성의 결과로 만들어진 상품이 팔리지 않게 되면서 불황이 진행되었던 것이다.

과잉생산은 하나의 현상이다. 즉 생산물이 과잉생산 된다는 것은 안 팔린다는 뜻이고, 노동시장이 과잉생산 된다는 것은 실업이 증가한다는 뜻이다. 이는 1929년 발발한 대공황 이후 10년의 역사를 잘 묘사하고 있다. 대공황 이후 1933년, 32대 대통령으로 새로이 집권한 루스벨트Franklin Roosevelt 대통령은 노동력의 과

반수에 해당하는 1천 5백만 명의 실업자, 공업의 마비, 은행의 붕괴라는 전대미문의 사태에서 재임 4년 동안 뉴딜New Deal 정책을 추진하여 대규모의 규제와 경제 개입을 실행하였다. 하지만 불황은 미국이 2차 대전에 참전하는 1941년까지도 해소되지 않아 약 6백만 명의 실업자가 존재했다. 이러한 과잉생산과 대규모 실업이라는 현상은 고전파 및 신고전파경제학이 의미하고 있는 바와 반대로 수요와 공급의 불일치가 장기적으로 유지되었다는 현실을 의미한다. 이 현실 자체가 신고전파경제학에 대한 강력한 비판이며, 경제학은 이에 대해 답할 필요가 있었다.

과잉생산이 자본주의 경제가 가진 체제적 경향으로서, 자본주

뉴딜 정책은 실업자에게 일자리를 만들어주고, 경제 구조와 관행을 개혁하고, 대공황으로 침체된 경제를 되살리기 위해 루스벨트 대통령이 1933~1936년에 추진한 경제 정책이다. 1933년의 첫 번째 뉴딜 정책은 경제의 전반적인 단기 회복에 초점을 맞추었다. 루스벨트 행정부는 은행 개혁법, 긴급 안정책, 일자리 안정책, 농업 정책, 산업 개혁(NRA, 국가경제회복기구), 연방 차원의 복지 정책을 추진하고, 금본위제와 금주법을 폐지했다. 두 번째 뉴딜 정책(1935~1936년)은 노동조합 지원책, 공공사업진흥국(WPA)의 안정 프로그램, 사회보장법, 소작인과 농업 분야의 이주 노동자를 비롯한 농부들에 대한 원조 프로그램을 포함하고 있다. 미국 연방 대법원으로부터 위헌 판결을 받은 후, 국가경제회복기구(NRA)를 제외하고는 대부분의 정책들이 유사한 정책들로 교체됐다. 2차 대전의 시작과 함께 뉴딜 정책은 마감됐다.

의 사회의 소화 능력보다 더 많이 만들어내는 경향이라고 한다면 이는 단순히 일시적 사건이 아니라 구조적 모순이 될 것이다. 이를 1929년 대공황의 원인으로 본다는 것은 자본주의의 구조적 모순이 대공황을 통해서 표출되었다고 해석하는 것이다. 경제학의 역사에서 이러한 관점을 보인 경제학자들은 앞에서도 지적했듯이 이단적 경제학자들이었다. 케인스는《일반이론》에서 맬서스와 같은 이단적인 경제학자들이 비록 불완전하더라도 자신들의 직감에 의해 형성된 진리를 우선적으로 중시했다고 높이 평가하였다.

물론 케인스가 이들을 높이 평가한 것은 자본주의가 가진 과소소비 경향을 인식했다는 점에 있어서이지, 왜 과소소비가 발생하는가를 잘 해명했기 때문은 아니었다. 그는 예를 들어 맬서스에 대해서는 "유효수요의 부족을 초래하는 경우는 있을 수 없다고 했던 리카도의 주장 및 세의 법칙에 반대했으나, 그가 이룬 것은 결국 아무것도 없다"고 비판하며, "맬서스는 유효수요가 왜 부족해지고, 어떻게 해서 과잉공급이 나타나는지에 대해 명확히 설명하지 못했으며, 또 자신의 주장을 뒷받침하는 아무런 이론도 제시하지 못했다"고 주장했다.

물론 맬서스는 그 이유를 제시하지는 못했지만, 자신이 이 이론을 제기해야 하는 이유는 알고 있었다. 그것은 바로 생산하지 않고 소비만 하는 특별한 계급인 지주를 옹호해야 할 필요 때문이었다. 맬서스가 자신의 이론을 지주 계급을 옹호하는 데 활용했기 때문에 떠오르는 산업자본가들은 맬서스의 이론을 받아들

대공황 시기 시름에 잠긴 어머니에게 기댄 아이들

일 수 없었고, 리카도의 반격이 훨씬 대중적으로 잘 수용되었다.

한편 앞에서 살펴본 바와 같이 홉슨은 자본주의가 대내적인 모순을 탈출하기 위해 대외적으로 나간다는 점을 자신의 관찰을 통해 보여주었다. 이러한 자본의 해외투자 경향에 대한 홉슨의 분석을 이어받아 레닌은 자본주의가 마지막 단계를 향해 나아가고 있다고 보았던 것이다.

그렇다면 주기적 불황의 한 역사적 계기로서, 대공황으로부터 자신의 견해의 증거를 찾았던 케인스는 어떤 대안을 제시하였을까? 그것은 바로 국가다. 케인스는 자본주의가 직면하게 될 본질적 위협은 분노한 프롤레타리아가 아니라 경제적 보상에 대한 불평등 경향과 투기 과잉에서 유래한다는 점을 인식했던 것이다.

20세기 초는, 당시의 사람들은 이해하기 곤란한 극적인 상황이 전개되는 시기였다. 각 시기를 미시적으로 볼 때는 필연적인 상황 전개였지만 제국주의적 확장, 전쟁, 혁명, 공황 등 인류사에서 겪기 힘든 고통을 동시에 겪어야 했기 때문이다. 특히 근대 사회를 진보의 시대로 이해하는 자유주의 지식인으로서는 세계의 종말을 이야기할 만한 상황이었다.

폴라니는 《거대한 전환》에서 '악마의 맷돌Satanic Mill', 즉 시장의 독재에 대항한 사회 방어 기제가 작동한다는 점을 들어 순수한 자유방임주의적 자본주의(시장주의)는 존속 불가능하다고 보았다. 폴라니에 의하면 시장을 기반으로 한 자본주의가 맹목적으로 발전하면서 사회를 분열시킴에 따라, 사회가 자기 방어에 나서는 과정은 역사적으로 다양하게 나타난다고 한다.

이 말은 영국 시인 윌리엄 블레이크William Blake의 〈밀턴Milton〉(1804)이라는 시에 나오는 표현으로서, 산업혁명기의 영국의 공장을 암시한다. 폴라니는 시장과 자본주의적 생산을 의미하는 이 단어를 영국 산업혁명이 노동자 계급에게 준 공포를 상징하는 단어로서 사용한다.

그 첫째는, 파시즘(독일)의 형태이다. 이는 군비와 전쟁에 의한 유효수요의 창출을 의미했다. 즉 전쟁 물자와 군수품에 대한 수요에 의해 자본주의의 생산체제에서 대량생산된 상품을 소화할 수 있는 수요가 창출되었던 것이다. 역설적이게도 케인스의 이론을 먼저 실천한 나라는 독일이었다. 독일은 히틀러 지배 하에서 케인스와 친분이 있던 독일제국은행 총재 샤하트Hjalmar Shacht의 지휘 아래 케인스 이론을 실천했다. 그 결과, 1936년부터 불황에서 탈출할 수 있게 되었다.

두 번째는 뉴딜(미국)이라는 형태이다. 물론 처음 케인스가 루스벨트를 만나서 적극적인 재정 정책을 권고했을 때, 루스벨트는 균형재정 정책을 포기하지 않았다. 따라서 뉴딜 정책은 외관상 케인스적 공공정책이긴 하지만 완전히 케인스적 정책은 아니었고, 따라서 미국의 완전한 불황 탈출은 2차 대전과 전후 복구를 통해서 달성되었다. 하지만 루스벨트가 추진한 뉴딜 정책은 이후의 발전 과정에서 노동 계급과 국가, 자본 계급 간의 사회적 대타협의 형태를 띠며 나타났고, 금융자본을 규제하기 위해 은행과 투자은행을 분리하고 사회 공익 산업에 대한 규제라는 원칙을 수립함으로써 이후 자본주의 진화의 대표적 유형으로 이해되어, 혼합자본주의mixed economy로 명명된다.

사회 공익 산업Public Utility Industries은 수도, 전기, 가스, 통신 등 시민들의 일상생활에 긴밀히 연관되어 공기업이 서비스를 수행하거나, 민간 기업이 할 경우 가격 규제를 하는 산업을 말한다.

뉴딜 정책에 의해 공공사업진흥국(WPA)은 이삼백만 명을 단순노동에 고용했다

세 번째는 볼셰비즘(소련)이라는 형태이다. 볼셰비즘은 일군의 러시아 마르크스주의 정치가들이 사회주의 혁명을 추구하기 위해 조직한 정당의 이념이다. 레닌에 의해 주도된 러시아 사회주의 혁명은 러시아의 전제주의, 즉 차르를 타도하는 반봉건 혁명이었지만 주도 세력은 자본주의의 산물인 산업노동자 계급이었다. 따라서 소련의 사회주의 혁명 역시 노동운동의 연장선상에서 이해될 수 있고, 이 역시 시장주의적 자본주의의 반작용으로 나타난 결과라고 볼 수 있다.

넷째는, 사회민주주의(스웨덴)가 있다. 2차 대전 이후에는 사회민주주의가 지배적인 개혁이념이 되었고, 사회민주주의를 실제로 실천한 사례로는 스웨덴이 잘 알려져 있다. 스웨덴의 경제학자 뮈르달Gunnar Myrdal은 이러한 전통의 산물이다. 스웨덴은 통화의 실질적 평가절하(확대통화정책)와 정부 차입, 공적 고용을 통한 회복을 추진했다. 1932년 스웨덴의 노동당 정부는 이미 공공사업계획을 주장하여 복지국가welfare state의 선구를 이루었다.

하지만 시장으로부터의 사회의 방어가 공고해지는 것은 2차 대전이 지난 후였다. 즉 2차 대전이 가진 역사적 의미는 시장만으로 이 사회를 구성해서는 안 된다는 것에 대한 사회적 합의라고 할 수 있다. 그리하여 혼합경제, 복지사회가 대두되었고 국가가 경제에 체계적으로 개입하였다. 첫 번째 특징은 화폐의 국가 관리이며, 두 번째 특징은 국가 재정의 적극적 활용, 셋째는 노동 계급과의 타협이었다.

사회민주주의(社會民主主義, Social democracy)는 19세기 말에 고전적인 사회주의에서 갈라져 나온 정치사상이다. 초기 사회민주주의는 로자 룩셈부르크와 블라디미르 레닌 등의 혁명적 사회주의자와 에두아르트 베른슈타인, 카를 카우츠키와 장 조레스(프랑스 사민당 당수) 등의 개량주의·진화주의자들을 동시에 포함하였다. 그러나 러시아 혁명 이후 사회민주주의는 후자를 중심으로 재정의 되었다. 현대의 사회민주주의는 자본주의 체제를 평등하고 인간적으로 만들기 위한 점진적인 의회주의적 개량 프로그램을 강조하여, 사회주의 사회 건설이라는 최종 목표 대신 자본주의 내의 개혁을 중시하는 경향이 있다.

스웨덴 사회민주주의자이자 저명한 케인시안으로, 1974년 신자유주의의 이론적 대변인인 하이에크와 함께 노벨경제학상을 받았다. 당시에 수상 소식이 전해지자, 노벨경제학상을 결정하는 스웨덴 왕립아카데미가 자국(스웨덴) 경제학자에게 노벨상을 줬다는 비난을 피하기 위해, 당시 무명 경제학자였던 하이에크에게도 함께 수여했다는 소문이 파다하게 돌았다.

## 2. 우리는 모두 케인스주의자다

흔히 1945년 이후 등장한 자본주의를 혼합경제라고 부른다. 복지사회 또는 혼합경제라 함은 시장과 국가를 혼합하여 자본주의를 구성한다는 뜻이다. 경제학에서 이 이념은 결코 주류일 수 없었다. 왜냐하면 고전파경제학과 신고전파경제학의 목표는 논리의 구성이 어떠하든지 결국 시장의 효율성과 완전성을 증명하는 것이었기 때문이다.

예를 들어 재화의 과잉생산이 있다고 하자. 물론 현실에서 이러한 현상이 일어날 수 있다는 점을 부정하지는 않는다. 하지만 이론상 이러한 과잉생산은 장기적으로 유지될 수 없다. 왜냐하면 가격에 의해 조정될 것이기 때문이다. 과잉생산이라고 함은 수요이상의 공급을 의미하며 이러한 초과공급은 그 재화의 가격 하락을 유발할 것이고 가격이 하락하면 수요가 늘어나고 공급이 줄어들어 초과공급이 없어질 것이다.

이러한 논리는 다른 시장에 대해서도 얼마든지 적용할 수 있다. 재화의 과잉생산과 더불어 문제가 되는 경제 현상 중의 하나는 실업, 즉 노동자의 과잉공급이었다. 이 역시 신고전파에 따르면 일시적 현상에 불과하다. 실업이 존재한다고 하자. 실업은 노동자에 대한 수요 이상의 공급을 의미하므로 노동의 가격, 즉 임금이 떨어져서 노동에 대한 수요 · 공급이 일치하게 되고 실업은 궁극적으로 없어지게 될 것이다.

케인스는 20세기 초의 역사적 사건들을 보면서 이러한 경제학으로는, 현실이 경제학에게 요구하는 사명을 다할 수 없다고 느꼈다. 케인스는 고전파, 신고전파경제학과는 정확히 반대의 문제를 제기했다.

즉 신고전파 경제학에서 주장하는 것과는 반대로, 생산 능력이 남아돌고 실업이 일시적이 아니라 지속되는 상태, 경제학에서 말하는 균형이라고 불러야 할 상태의 가능성이다. 이는 불완전 고용 균형이라 불린다. 이렇게 되면 실업과 과잉생산은 일회적 사건이 아니라 정상적 경제 과정으로서 인식되고, 불황 또는 경기 후퇴 역시 일시적인 태풍이 아니라 상당히 장기간 유지될 수 있다. 따라서 정부가 손 놓고 있으면 안 되며, 뭐라도 해야 한다. 케인스는 자신의 주저《고용, 이자 및 화폐의 일반이론》(1936)에서 이 점을 체계적으로 서술했다. 하지만 현실의 정치에 관여하면서 서술한 이전의 저서들에서도 그는 이미 이러한 관점을 드러냈다. 그는 주류경제학자들, 즉 고전파와 신고전파가 완전고용과 과잉생산은 없다는 등의 독단적인 신념에 빠져 있는 한 이 이론들은 현실에서는 쓸모가 없는 무용지물이 될 것이라고 보았다.

그렇지만 고전파경제학은 경제학자들 사이에 주류로서 케인스가 자신의 생각을 전파하기 위해서는 고전파경제학의 용어로서 자신의 생각을 전파할 필요가 있었다. 케인스는 고전파경제학을 다음과 같이 정의하였다.

고전파경제학자들은 '공급은 그 스스로의 수요를 창출한다'고 가르쳤다. 이 말에 대한 의미가 명확하게 밝혀진 것은 아니지만 아마도 곧 생산비의 전부가 직접 또는 간접으로 제품의 구입에 사용된다는 의미일 것이다.

케인스, 《고용, 이자 및 화폐의 일반이론》

고전파경제학이 무엇을 잘못 생각했기에 1929년의 대공황을 예측하지도 못했고, 이에 대해서 처방도 내리지 못했는가? 고전파경제학에서 최초로 논박되어야 할 논리는 세의 법칙이라고 불리는, 공급이 수요를 창출한다는 생각이었다. 그래서 케인스는 고전파와는 완전히 반대되는 경제모형을 구상하게 되었는데, 이것이 유효수요이론이다.

### 케인스의 경제학

케인스는 마르크스가 세상을 떠난 1883년, 영국의 대학도시인 케임브리지에서 태어났다. 아버지 역시 경제학자였고, 어머니는

케임브리지 치안판사를 거쳐 시장을 역임했다. 케인스는 유명 사립 고등학교인 이튼스쿨을 졸업하고 케임브리지의 킹스 칼리지를 졸업했다. 요컨대 케인스는 영국의 전통적인 엘리트 집안에서 엘리트 교육을 받고 자랐다. 그리고 케인스가 대학 재학 때부터 평생을 걸쳐 사귄 사람들은 당대의 유명한 자유주의 문인, 학자, 사상가들이었다. 이러한 배경 속에서 케인스는 자유방임 자본주의가 가진 경제적 자유주의를 뛰어넘을 수 있는 사유적 기초를 쌓을 수 있었다. 케인스의 이념은 경제적 자유주의를 넘어서 사회적 자유주의라고 할 수 있는 관점이었으며, 바로 이 이념으로 자유방임 시장에 대한 사회의 반발에 답하고자 했던 것이다.

하지만 케인스는 자신의 자유주의를 경제 현실 속에서 표현하기 위해 신고전파경제학, 특히 스승인 마셜의 신고전파경제학과 대결해야 했다. 이 대결 과정에서 그는 신고전파의 용어를 빌려 쓰지만 완전히 새로운 관점을 도입하게 되었다. 즉, 자신이 대결하고자 했던 신고전파의 방법론, 즉 개체의 합리적 의사결정이라는 미시적 문제가 아니라 처음부터 국민경제에서 출발하는 거시적 문제 설정을 도입하게 된다. 미시경제학은 바로 경제 주체 개인의 합리적 의사결정을 설명하고자 하는 것이다. 하지만 이 이론에서는 가격이 결정적 역할을 하게 되는데 시장 균형가격에 도달하기 전에는 거래가 발생하지 않고 가격이 이 거래의 불일치를 조정해주는 역할을 해야 한다.

반면 케인스의 경제 모형은 수급의 불일치가 있을 때에도 거래가 발생할 수 있다는 점에 착안한다. 케인스의 경제 모형을 간단히 살펴보자. 생산하고 소비되는 하나의 순환을 국민경제의 소득 순환모형이라고 부르는데, 여기서 생산하는 경제 주체이면서 생산요소(노동)를 구매하는 경제 주체인 기업은 노동, 자본, 토지를 수요해(구입해) 재화와 서비스를 생산하고 이를 가계에 공급한다.

또한 재화를 소비하는 경제 주체이면서 생산요소(노동)를 공급하는 경제 주체인 가계는 자신들이 공급한 노동, 자본, 토지에 대한 대가로 임금, 이자, 지대를 지급받아 이 돈을 가지고 기업이 공급하는 재화와 서비스를 수요(구입)한다. 기업은 판매수입을 자신이 모두 가지는 것이 아니라 가계에게 임금, 이자, 지대의 형태로 지불한다.

국민경제순환모형은 이처럼 경제에서 기업과 가계는 모두 수요자도 되고 공급자도 되어 재화와 화폐가 끊임없이 순환한다고 본다. 이 모형의 위와 같은 소득 순환 과정에서 국민소득(구매력)

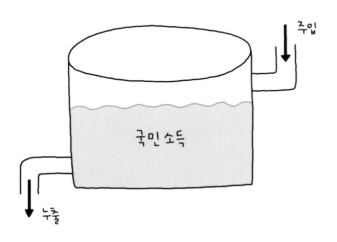

을 증가 또는 감소시키는 요인이 있는데, 소득의 순환으로부터 빠져나가 국민소득의 크기를 줄이는 요인을 '누출leakage'이라고 하고 순환 과정에 새로 들어와 국민소득의 크기를 늘리는 요인을 '주입injection'이라고 부른다. 누출은 국민소득 모형에서 일단 빠져나가는 것이므로 소득 순환의 크기를 감소시키며 주입은 그것을 증가시킨다.

국민소득을 감소시키는 누출에는 저축, 조세 등이 있으며 국민소득을 증가시키는 주입에는 투자, 정부 지출 등이 있다. 왜 저축이 누출이고, 투자가 주입일까? 이것이 케인스적 모형의 특징이다. 저축은 생산물에 대한 구매의 형태로 지출되지 않기 때문에 그만큼 기업의 판매 수입을 감소시키고 그 결과 생산요소의 구매를 감소시키므로 소득 순환으로부터의 누출이라고 보는 것이며, 투자는 생산설비, 건물, 재고를 마련하기 위한 지출로써 이들을 생산하려면 생산요소가 필요하고 이를 구매하기 위해 지출이 요구된다는 점에서 주입이라고 보는 것이다.

동일한 논리로 볼 때 정부가 과세하면 소득의 일부가 줄어들어 소비가 감소하게 되므로 소득 순환의 관점에서 보면 조세는 누출이다. 반대로 정부 지출은 가계가 소유한 생산요소를 구입하거나 기업이 생산한 재화, 용역을 구입하는 데 사용되어 이들의 소득을 창출하므로 주입이다.

예를 들어 나의 월 소득이 100만 원이라고 해보자. 100만 원의 소득 중 10만 원을 세금(소득세)으로 낸다고 하면 처분 가능한 소득(가처분 소득)은 90만 원이 된다. 하지만 나는 가처분소득 90

만 원을 모두 소비하지 않는다. 예컨대 50만 원을 소비한다면 남는 돈 40만 원은 저축이 되는 것이다. 이것만 고려하면 100만 원의 소득, 즉 생산물 중 50만 원만 소비지출로 팔리게 된다. 저축과 조세가 누출이라는 것은 이러한 의미다. 그런데 저축된 40만 원은 국민소득 모형(국민소득 양동이)에서 단순히 누출로 끝나는 것이 아니라 다시 투자 지출됨으로써 국민소득 양동이에 주입된다. 그런데 저축된 40만 원이 모두 투자지출로 전환된다는 보장이 있을까?

이러한 모형에 근거해서 세의 법칙을 설명할 수 있다. 이 모형을 더 단순하게 만들어서 정부가 없다고 생각해보자. 그렇다면 누출과 주입의 일치 문제는 저축과 투자의 일치문제에 다름 아니다. 사실상 이는 생산량과 수요량의 일치 문제일 텐데 국민경제 전체에서 총생산, 즉 총소득은 소비와 저축으로 분할된다. 그리고 국민경제의 생산물에 대한 유효수요는 가계가 행하는 지출인 소비 지출의 크기와 기업이 행하는 지출인 투자 지출의 합일 것이다. 결국,

$$총공급 \equiv C + S = C + I \equiv 총수요$$
(여기서 C = 소비Consumption, S = 저축Saving, I = 투자Investment의 약자다. 단, $\equiv$는 정의식이다)

가 일치할 때 국민경제는 수요와 공급이 일치하게 된다. 따라서 총공급과 총수요가 같을 수밖에 없다는 세의 법칙은 국민경제

순환모형에서는 누출과 주입이 같다는 말이 되고, 다시 정리하면 저축이 투자와 같다는 말이 된다.

이제 고전파와 신고전파의 관점에서 과잉생산이 있을 수 없는 이유를 좀 더 정확히 이해할 수 있다. 가계의 소비지출은 공급 측에도, 수요 측에도 있기 때문에 결정적인 것은 저축과 투자가 일치하느냐의 문제인 것이다.

저축이 투자를 결정한다? 일견 명백하지 않을까? 총소득 중에서 쓰고 남은 돈(저축)은 결국 돌고 돌아 기업의 투자에 필요한 금액이 되지 않겠는가? 사실상 세가 말하는 것은 바로 이것이다. 반대로 케인스가 말하는 바는 저축이라는 누출이 투자라는 주입으로 반드시 들어온다는 보장이 없다는 것이다.

따라서 고전파에서 생각하는 공급 → 수요, 즉 저축 → 투자라는 논리는 조금 더 세련되게 만들 필요가 있다. 고전파가 생각한 이유는 이자율이었다. 이자율은 저축에도, 투자에도 영향을 준다. 즉 이자율이 올라가면 사람들은 저축을 더 하게 되며, 이자율이 내려가면 저축을 줄일 것이다. 왜냐하면 이자율은 저축을 하지 않을 때의 비용이 되기 때문이다. 반대로 투자는 어떨까? 이자율이 올라가면 투자는 줄고, 이자율이 내려가면 투자는 늘 것이다. 투자에서 이자율은 비용이 되기 때문이다. 그러므로 이자율은 상품의 가격처럼 저축과 투자가 만나는 대부시장에서 신호의 역할을 한다. 이것이 고전파의 대부자금설이다.

그런데 케인스는 이러한 틀 내에서 저축이 이자율에 대해 반응하는 것이 아니라 소득에 대해 반응하는 것이라고 보았다. 그리고 투자가 이자율에 대해 반응하는 것은 맞지만, 사실상 투자의 비용인 이자율보다 투자의 이득인 기대수익에 더 크게 반응할 것이라고 보았다. 요컨대 저축과 투자를 결정하는 유인이 다른 것이다. 따라서 저축과 투자가 이자율을 매개로 필연적으로 같아지리라고 말할 수 없다.

예를 들어 소비가 많이 위축된 상황이라고 하자. 그렇다면 총공급 중 저축의 비중이 늘어난다. 이는 곧 총수요에서 투자가 그만큼 많이 진행되어야 저축 = 투자가 된다는 것을 의미하는데, 소비의 비중이 준 만큼 저축 → 투자가 되지 못할 가능성이 더 높아진다. 실업으로 소비수준이 매우 낮을 때는, 매우 낮은 이자율 수준에서도 투자가 활성화되지 않는다. 그렇게 되면 저축이 상대적으로 많아지지만, 투자는 진행되지 않는다. 즉 S 〉I 인 상태가 나타난다. 여기서 과잉생산은 투자의 감소를 의미하며 이는 곧 노동에 대한 수요의 감소, 즉 실업으로 나타난다.

고전파에 의하면 노동시장의 과잉생산, 즉 실업 문제는 노동임금을 낮추어 노동시장의 수요와 공급의 격차를 없애주면 된다. 하지만 문제는 노동자들이 임금을 적게 받으면 그만큼 소비의 여력도 줄게 된다는 점이다. 결국 한 시장은 균형을 이룰 수 있을지 몰라도 장기적으로 다른 시장에는 더 큰 문제를 야기한다. 그리하여, 과잉생산 → 실업 → 임금저하 → 소비감소 및 투자 축소 → 과잉생산의 악순환이 반복되는 것이다.

케인스는 여기에 덧붙여 자본주의가 발전하면 전체 소득 수준(총생산 수준)이 증가할 텐데, 이렇게 되면 총소득 중에서 소비의 비중은 점차 준다고 보았다. 예를 들어 한 달에 100만 원 받는 가장이 80만 원을 소비하면 소득의 80퍼센트를 소비하는 것이지만, 한 달에 1,000만 원 받는 가장이 매달 500만 원을 소비해도 소득의 50퍼센트만 소비하는 것에 불과하다. 따라서 총소득 중 소비의 상대적 비중은 점차 줄어든다. 그리하여 자본주의가 성숙할수록 과소소비의 가능성은 더 높아진다는 것이다.

이러한 장기적 경향 하에서 케인스가 자본주의 불황을 타개할 방법으로 생각한 수단은 바로 정부의 개입이었다. 이를 이후의 거시경제학에서는 총수요 관리정책이라고 부른다. 실제 2차 대전 전후로 일어난 움직임은 케인스의 이론을 증명하였다. 그 사례가 앞에서 본 독일의 전시경제, 미국의 뉴딜정책 등이다.

간단히 케인스의 이론을 요약하면 '총생산 = 총소득'을 막는 교란 요인은 저축이 투자로 연결되지 못한다는 점에 있다. 여기서 고전파, 신고전파경제학과 케인스경제학이 근본적으로 갈라지는 지점이 발생하는데, 그것이 화폐이론이다. 사실상 고전파와 신고전파 이론에서 화폐는 실물경제에 아무런 역할을 수행하지 못하고 오로지 인플레이션만 야기할 뿐이었다. 그런데 케인스는 저축이 투자로 연결되지 못하는 요인이 바로 화폐 때문이라고 보았다. 화폐는 실물경제에 영향을 준다는 것이다.

어떻게 영향을 주는가? 앞에서 이미 저축이란 번 돈(소득) 중에서 소비하고 남은 돈이라고 정의한 것을 기억할 것이다. 이 저축이 모두 투자된다는 것이 고전파의 주장이고, 이 저축이 모두 투자되지는 않는다는 것이 케인스의 주장이라는 것도 기억할 것이다.

왜 저축이 모두 투자되지 않는 걸까? 저축은 화폐의 형태로 남는데, 이 화폐가 무용지물이 아니기 때문이다. 화폐는 물건을 구매하는 등 여러 가지 기능을 가진다. 하지만 저축으로 채권을 사거나 은행에 예금을 한다면 이자와 같은 금융소득을 올릴 수 있다. 그런데 저축을 화폐로 가지고 있다면 이자와 같은 수익을 포기해야 한다. 소득 중 남은 부분, 즉 저축을 화폐 형태로 보유한다면 '투자로 이어지지 않는 저축'이 있게 된다.

왜 소비하고 남은 부분을 예금하거나 채권을 사지 않고 현금으로 가지고 있을까? 현실에 비추어 보면 기업에 빌려주기가 겁나기 때문일 것이다. 뒤집어서 이야기하면 그냥 화폐를 가지고 있으면 이자 수익은 손실을 보지만 그래도 그 편이 가치가 있는 경우가 있다. 나중에 부동산을 살 수도 있고, 더 안정적이고 높은 이자율로 기업에 빌려줄 수도 있으며, 채권을 살 수도 있는 등 여러 가지 용도가 있는 것이다. 만약 이자율이 무시할 정도로 낮거나, 경기가 불안하여 기업에 빌려주어 투자하게 했을 때 돈을 떼인다면 그냥 현금을 가지고 있는 것이 더 낫다.

이런 논리는 실제 돈을 빌려서 투자를 집행해야 할 기업의 경우에도 적용된다. 기업의 입장에서는 이자율이 돈을 빌리는 비용일 텐데, 이자율이 낮으면 비용이 싸져서 투자할 조건이 좋아지는 것은 사실이다. 하지만 경기가 불안하다면 상황이 확실해질 때까지 투자를 연기하는 것이 낫다. 투자는 일단 집행하면 상당 기간 계속 지출해야 하는 위험한 사업이기 때문이다. 결국 이러한 생

각으로부터 화폐에 대한 생각이 고전파와 케인스가 다르다는 결론에 도달하게 된다. 고전파에게 화폐는 아무런 역할을 하지 못하는 것, 불모의 교환수단에 불과하지만 케인스는 화폐를 실물경제에 크게 영향을 줄 수 있는 매개물로 보았다. 따라서 이자율 역시 아무런 수익을 낳지 못하고 유동성만 가지고 있는 화폐의 수요와 공급에 의해 결정되는 것으로 설명했다.

여기까지가 케인스 이론에 대한 간략한 설명이다. 케인스가 자신의 이론을 '고용, 이자, 화폐에 관한 일반이론'이라고 한 이유가 이제 조금 밝혀졌을 것이다. 케인스는 고전파 이론을 화폐를 고려하지 않은 특수 이론으로, 자신의 이론을 화폐를 고려한 보다 일반적 이론으로 간주했다. 이를 케인스 혁명이라고 부른다. 경제학에서는 신고전파의 등장을 한계혁명, 케인스의 거시경제학

유동성liquidity이란 다른 상품을 획득할 수 있는 화폐의 기본적 속성이다. 따라서 화폐의 유동성은 1이며, 다른 재화들, 예를 들어 정기예금의 유동성은 화폐로 교환되는 데 어려움이 있으므로 1보다 작다. 화폐의 수요가 유동성에 대한 선호라는 관점에서 경제학에서는 이를 '화폐에 대한 유동성 선호설'이라고 한다.

을 케인스 혁명이라고 불러 경제학 진화과정의 중요한 계기로 인정하였다.

그러나 케인스는 한가하게 경제학 이론 논쟁을 하고 있을 수만은 없었다. 현실은 사회주의 혁명에, 대공황에, 세계 전쟁으로 급박하게 전개되고 있었다. 그래서 그는 다음과 같이 말하면서 경제학이 지금 당장의 경제 현실에 답해야 함을 역설했다.

장기 분석은 현재 벌어지고 있는 상황을 이해하는 데 도움이 되지 않는다. 장기적으로 우리는 모두 죽는다. 경제학자들의 역할이 고작 태풍이 닥치는 계절에 '태풍이 지나가고 한참 있으면 바다가 잠잠해질 것이다'라고 말하는 정도에 그친다면 그 역할은 너무 쉽고 쓸모없는 것이다.

케인스, 《화폐개혁론*A Track on Monetary Reform*》, 이석륜 옮김(비봉출판사, 1993)

### 팍스아메리카나와 신고전파종합

2차 대전 후 세계경제는 미국의 시대가 되었다. 팍스브리타니카Pax-Britannica가 지고 팍스아메리카나Pax-Americana가 시작됐다. 1870년 영국의 생산량은 세계 총생산량의 3분의 1을 차지했으나, 1900년에는 5분의 1로, 1913년에는 7분의 1로 줄어든다. 반면 미국은 2차 대전에 참전하면서 전시 군수품의 배후 공급자로서 기능했고, 이렇게 정착된 대량생산 체제를 기반으로 전후 세계경제체제의 주도자로 부상했다.

팍스아메리카나는 '미국 주도 하의 평화'라는 뜻이다. PAX는 라틴어로 평화라는 뜻. 미국 주도 하의 평화를 유지하는 것은 미국을 세계 경찰로서 인정한다는 것이고 곧 미국이 주도하는 세계질서라는 의미가 된다. 이것이 미국 헤게모니 하의 세계질서의 의미다. 헤게모니hegemony는, 지도력 또는 한 나라의 지배권을 뜻하는 말로 패권으로도 번역된다. 정치학에서는 집단 또는 개인이 다른 집단 또는 개인에게 행사하는 지도력의 의미도 지닌다.

　2차 대전 후 영국을 대표한 케인스는 기존의 국제무역 질서를 완전히 일신하는 프로젝트를 제안한다. 케인스는 국제청산동맹 (ICU)이라고 불리는 일종의 세계중앙은행과 무역을 촉진할 국제무역기구(ITO)의 창설을 주창하였다. 국제청산동맹은 국가 간 무역결제를 위한 세계화폐, 즉 방코르bancor를 발행할 기구로 상정되었다. 케인스는 이 안을 가지고 미국 북동부 화이트마운틴즈의 브레튼우즈 호텔에 가서 당시 미국 대표 화이트H. D. White를 만났다. 여기서 영국과 미국의 대표는 전후 세계경제체제를 구상했고, 자유로운 자본이동을 통제하여 금융자본의 지배를 막자는

브레튼우즈 회의 당시 케인스(우)와 화이트(좌)

데 의기투합했다. 이들은 이전의 금을 중심으로 하는 자유로운 환율제도에서 고정환율제도로 이행하기로 했다. 자유로운 환율제도 하에서는 금을 기반으로 하는 각 나라의 화폐의 교환비율이 계속 변동하는데, 이것이 세계 무역의 발전에 장애가 될 것으로 본 것이다. 반면 환율을 고정시키면 무역과 산업의 세계적 발전에는 기여할 수 있으나, 국제금융 투자가에게는 투자의 자유가 침해되는 문제가 있었다.

그런데 미국은 고정 환율에는 찬성했지만 별도의 새로운 화폐를 만드는 '케인스안'에 대해서는 거부했다. 미국은 케인스안에 대한 대안으로 세계은행World Bank과 국제통화기금IMF(International Monetary Fund) 창설을 주창했다. 이전에는 파운드화의 시대라면 앞으로는 달러의 시대라는 것이다. 미국은 달러를 금에 고정환율로 연동시키겠다고 제안했다. 즉 금 1온스에 35달러로 고정하여 달러를 세계화폐로 내놓겠다는 것이다. 국제통화기금은 이 체제를 유지하기 위해서 미국과 영국이 다른 선진국과 함께 만든 기구다.

이러한 체제하에서 미국 경제는 장기 활황세를 이어갔다. 그리하여 이른바 '자본주의의 황금시대Golden Age of Capitalism'가 시작된 것이다. 이 시기의 세계경제는 불황이 거의 없으면서 건실한 성장세를 유지했다. 서방 선진국의 경우 1914년까지는 연 1.4

1997년의 경제 위기 이후 우리에게도 낯익은 이 기구는 사실 외환위기 이후의 구조조정을 강요하는 국제기구가 아니라, 외환위기가 나지 않도록 고정환율제도를 안정적으로 유지하는 것을 목표로 1947년 만들어진 기구였다. 그러나 1973년 고정환율제도가 붕괴하면서 IMF의 원래 취지는 사라지고 금융위기 시 구조조정을 전제로 급전을 빌려주는 기구로 전락했다.

퍼센트 성장률이 최고였지만, 황금기에는 연평균 성장률이 3.8퍼센트였다. 노동조합이 합법화되고, 화폐체제는 국가에 의해 관리되었으며, 경기 하강기에는 국가가 적극적으로 개입하는 총수요 관리정책을 폈다. 소련과 같은 사회주의 정당은 아니지만 노동자계급을 기초로 한 노동당, 사회당, 사회민주당 등이 등장하여 선진국의 주요한 정당(1당 또는 2당)의 자리를 차지하였다. 우리가 가지고 있는 지폐(중앙은행권)도 이때 나타난 것이다. 이전의 화폐는 금과 같은 실질적 화폐와 교환해주는 태환화폐였지만, 중앙은행에 의해 발행되는 지폐인 중앙은행권은 아무런 실질화폐와도 교환해주지 않는 불환지폐였다. 이를 통해 정부는 통화량을 통제하여 적극적인 통화정책을 수행할 수 있었다. 마지막으로 국가는 소득이 높아질수록 과세율을 올리는 누진 세제를 통해서 부유층으로부터 세금을 많이 걷어 의료, 주택, 교육을 비롯하여 사회보장정책 및 적극적 재정정책의 재원으로 삼았다. 이 시기의 경제학은 역사상 가장 자신감이 있는 경제학이었다. 1960년대 후반 미국의 이론경제학자 새뮤얼슨Paul Anthony Samuelson은 이러한 경제학을 종합하여 신고전파종합Neo Classical Synthesis이라 불렀다. 이 경제학은 신고전파의 한계이론을 미시경제학으로, 케인스경제학을 거시경제학으로 명명한 다음 전, 후반부에 붙였다. 케인스는 자신의 이론을 '일반이론'으로 불렀지만 여기서는 졸지에 신고전파는 일반이론, 케인스는 임금이 경직적일 때만 성립하는 수요·공급 이론의 특수이론으로 배치된다.

이 이론에 기초하여 새뮤얼슨은 "경기순환은 끝났다"고 선언했다. 경기가 불황일 때는 총수요 확대 정책을 쓴다. 정부는 재정 지출을 늘리고 세금을 줄여주거나, 통화량을 늘리고 이자율을 낮추어 총수요를 진작시킨다. 이는 소비지출과 투자지출, 정부 지출 등을 증가시켜 총수요의 부족을 해결할 수 있다. 반대로 경기가 과열될 때는 반대 정책을 펴서 경기를 냉각시킨다. 이렇게 되면 경기순환을 적절히 조절하여 없앨 수 있는 것이다. 물론 이는 정부가 적극 개입해야 한다는 점에서 신고전파의 함의와는 상반되는 듯이 보인다.

하지만 꼭 그렇지만도 않다. 새뮤얼슨에 의하면 케인스적인 총수요 관리정책은 경기가 비정상적으로 작동할 때 처방하는 특수한 정책이다. 정상적인 경우에는 수요와 공급의 법칙이 관철될 것이다. 케인스의 모델은 특수한 경우, 즉 가격이 수요와 공급의 변화에도 불구하고 유연하게 변화하지 않고 경직적인 경우에만 성립한다. 가격이 경직적인 이유는 예를 들어 노동시장의 경우에는 노조가 존재해서 실업, 즉 노동의 공급이 수요를 초과하더라도 임금이 떨어지지 않는 경우에 발생할 것이다. 이를 임금의 하방경직성이라고 한다. 따라서 노조가 없어서 노동시장이 좀 더 유연하다면 실업과 노동의 초과공급에서 임금이 유연하게 하락할 것이고 실업이 줄어들고 생산이 증가하는 고전파적 모델이 성립하게 된다. 따라서 가격, 임금, 이자 등의 가격변수가 유연한 곳에서는 신고전파의 논리가 잘 들어맞고 가격변수가 경직적인 곳에서는 케인스의 논리가 잘 들어맞지만 후자가 맞는다고 해서 전자가 틀렸다고 볼 수는 없다. 왜냐하면 후자의 논리는 전자의 가정이 없을 때 성립하는 특수한 경우이기 때문이다.


## 3. 신자유주의 경제학

**짠물학파와 민물학파**

새뮤얼슨의 신고전파종합은 케인스의 본래 후손들이라고 자청하는 케인시안, 즉 포스트케인시안의 입장에서 볼 때는 엄청난 왜곡이었다. 그래서 포스트케인시안은 새뮤얼슨류의 케인시안을 '나쁜 케인시안bastard Keynesian'이라 불렀다. 이들이 케인스의 원래 아이디어를 왜곡했다는 것이다.

케인스는 미래에 대한 불확실성으로 인해 경제가 본질적으로 불안정적이라고 보았는데, 신고전파종합 케인시안은 경제를 불안하긴 하나 관리 가능한 것으로 간주했다. 케인스는 실업으로 인한 낮은 임금이 더 낮은 소득과 생산을 초래하고 이는 또 실업을 야기하는 악순환적 균형을 상정하였는데, 신고전파종합 케인시안은 실업을 임금이 상승할 때는 쉽게 상승하지만 내려가야 할 때는 잘 내려가지 않는 하방경직성 탓으로 돌렸다. 요컨대 임금이 노동시장의 수요와 공급에 유연하게 반응한다면 고전파의 세계가 도래할 수 있는 것이다.

하지만 새뮤얼슨의 신고전파종합 케인시안은 미국의 경제학계 내에서는 좌파(!)였다. 이들은 대공황 이후 등장하여 케인스의 세례를 받고 2차 대전 이후의 황금기를 거쳐 1960년대에 주류경제학이 되었지만 정부가 시장에 개입하여 경제를 관리할 수 있다는 입장을 가지고 있었으므로 시장을 보다 더 중시해야 한다는 경제학의 학문 조류로부터 항상 공격받고 있었다.

이러한 공격의 대표주자가 바로 미국의 경제학자 밀턴 프리드먼Milton Friedman이다. 프리드먼은 사실상 고전파와 신고전파의 시장 우위론을 믿고 있었고, 국가의 지나친 개입은 경제를 망칠 뿐이라고 생각했다. 하지만 당시는 국가 개입을 통해 자본주의의 문제를 해결할 수 있다는 케인스식 사고가 너무나 지배적이었기 때문에 감히 고전파적 명제를 그대로 다시 반복할 수는 없었다.

프리드먼은 새뮤얼슨 식의 타협을 받아들였다. 단지 프리드먼이 고치고자 한 것은 장기적으로는 고전파의 주장이 맞다는 것이었다. 어쩌면 단기에는 가격과 임금의 경직성으로 인해 케인스적 상황이 도래될 수도 있다. 하지만 시간이 지나면 어떻게 되겠는가? 장기 실업 하에서 임금은 떨어질 수밖에 없지 않겠는가? 임금이 떨어지면 기업의 이윤이 회복되어 투자가 활성화될 것이며 이는 곧 불황의 극복이었다.

이러한 논리 전개에 자신을 얻은 프리드먼은 단기 분석에도 케인스식 견해에 도전장을 내밀었다. 우선 케인스의 총수요관리 정책의 효과에서 새뮤얼슨류의 케인시안은 국가 개입이 노골적인 재정정책을 중시한 반면, 프리드먼은 중앙은행을 중심으로 하는 통화금융정책을 중시했다. 이를 증명하기 위해서는 고전학파의 물가이론인 화폐수량설을 다시 복구시킬 필요가 있었다. 화폐수량설은 통화량이 증가하면 생산이 증대하기보다는 물가가 상승한다는 논리다. 그 공식은 다음과 같다.

MV = PY

(M은 통화량, V는 화폐의 유통속도, P는 물가수준, Y는 실질 총생산)

예를 들어 어느 나라의 총 통화량이 100억이라고 하고, 그 화폐가 1년에 두 번 유통한다고 하자. 이때 그 나라의 실물 총생산이 10억이라고 하면 물가수준은 20이 된다. 만약 화폐의 유통속도가 안정적이고, 그 나라의 실물 총생산 Y가 10억으로 사전에 미리 투입된 노동, 원료, 기계 등 생산요소의 양과 그 생산성에 의해 결정된다는 고전파의 신념과 결합하면 통화량이 증가할 때 물가가 증가한다는 화폐수량설의 논리가 성립한다.

하지만 케인스의 관점에 따르면 V가 그다지 안정적이지 않다. 왜냐하면 이 식을 다시 쓰면, M = (PY)/V가 되는데, 이것은 국민소득이 주어지고 화폐유통속도가 주어지면 그 나라에서 필요한 화폐의 액수, 즉 화폐 수요 함수가 된다. 케인스는 이 화폐 수요 함수를 결정하는 변수들 중 V는 이자율의 변화에 의해 크게 변화한다고 보았다. 따라서 통화량의 증대가 즉각 물가의 상승으로 이어지는 것은 아니다.

프리드먼은 이러한 신념에 도전했다. 그는 "좋다. 화폐수량설이 주장하는 것처럼 V가 이론적으로 고정되었다고 미리 가정하는 것은 잘못되었다. 그렇다면 실제로 화폐의 유통속도가 어떤지 역사적으로 살펴보자"고 했다. 프리드먼의 평가에 의하면 이론적으로는 모르지만, 경험적으로는 V가 안정적이라는 것이다. 단기에는 불안정적일 수 있다. 하지만 장기에는 안정적이다. 따라서 통화량이 증가하면 PY가 증가하는 현상이 발생한다. 이것이 프리드먼이 말하는 신화폐수량설이다.

신화폐수량설은 상당히 중대한 의미가 있다. 우선 단기에는 몰라도 장기에는 고전파의 화폐관이 맞음을 의미한다. 고전파에 의하면 통화량을 늘릴 때 실물 생산의 증가가 없다. 통화량은 인플레이션에만 영향을 주기 때문이다. 여기서는 통화량과 실물 생산은 분리된다. 이렇게 되면 통화량을 늘리더라도 생산을 늘려 실제 경기를 회복시키는 데는 기여하지 못한다. 이것이 고전파의 화폐수량설이다. 그런데, 신화폐수량설은 단기에는 통화량이 생산에 영향을 미침을 인정하지만 장기에는 물가에만 영향을 미친다고 보았다.

두 번째, 신화폐수량설이 단기에서는 통화량이 실제 생산에 영향을 미칠 수 있다고 본 점에서는 케인스와 유사한 점이 있다. 하지만 이 경우도 재정정책보다 통화금융정책이 더 위력적이라고 보았다. 즉 통화량을 증대시키면 케인스의 모델에서는 '통화량 증대 → 이자율 하락 → 투자 증가 → 총수요 증가'라는 복잡한 전달 경로를 가지는 데 반해, 통화주의의 모델에서는 V가 안정적이므로 신화폐수량설에 의해 즉각 총생산(PY)의 증대로 나타난다. 그리하여 프리드먼은 "화폐는 중요하다Money Matters"라고 말했던 것이다.

새뮤얼슨이 하버드 대학에서 학위를 받고 하버드 대학의 교수였으며 대부분의 후진이 케인시안인 반면, 프리드먼은 시카고 대학에서 교편을 잡았기 때문에 전자를 짠물학파, 후자를 민물학파라고도 부른다. 짠물학파인 케인시안과 민물학파인 통화주의의 대립, 이것이 1960~70년대 미국 경제학을 지배했다.

하버드 대학은 대서양을 바라보는 미국 북동부의 도시 보스턴에 있고, 시카고 대학이 있는 시카고는 미국 중서부 내륙인 5대호 호수의 민물에 면하고 있기 때문에 이런 이름이 붙여졌다.

### 신고전파의 복수—합리적 기대론과 새고전파경제학

경제학의 상상력이 얼마나 전개될 수 있는지를 잘 알려주는 이론이 합리적 기대론이다. 원래 '기대expectations'는 고전파와 신고전파의 세계에서는 없는 용어였다. 이 개념을 처음 도입한 사람은 케인스다. 케인스는 자본주의의 불황 경향을 한편에서는 자본주의 발전에 따른 과소소비경향에서 찾았지만, 다른 한편에서는 투자의 변동성에서도 찾았다. 투자가 변동적인 이유는 미래가 불안하기 때문이다. 기업가들이 생산을 확대하기 위해 자본을 사용할 때 가장 중시 여기는 것은 생산된 물건의 판매인데, 판매 가능성은 누구도 알 수 없기 때문에 기업가들은 자신의 동물적 감각에 의존할 수밖에 없었다.

그러한 감각에 의존할 수밖에 없는 것은 미래가 불안하기 때문이다. 케인스의 말을 빌리면,

"우리는 단지 모른다We just do not know."

이러한 불확실성은 미래에 대한 예측을 낳고 미래에 대한 기대야말로 투자의 결정에 가장 중요하다. 결국 화폐뿐 아니라 기대

역시 실물경제에 영향을 주게 된다는 것이다.

반면 고전파는 이러한 미래의 불확실성을 가정하지 않았다. 따라서 불확실성이라는 본래 존재를 이론의 한 요소로 넣는 순간 고전파와 신고전파의 이론적 함의는 밑에서부터 붕괴할 수밖에 없었다.

이 위기로부터 고전파를 구한 학설이 '합리적 기대론rational expectation'이다. 합리적 기대론자는 미래에 대한 기대를 합리적으로 수행할 경우 결국 미래의 불확실성 역시 확률의 문제가 되므로 결과적으로 고전파의 세계와 비슷해진다고 주장했다.

구슬아~
미래를
보여다오

케인스

합리적 기대란 경제 주체가 미래에 대한 예상을 할 때 과거에 대한 정보뿐 아니라 현재 또는 미래에 관한 가용한 모든 정보를 활용하여 예상한다는 것이다. 그런데 미래에 대한 예상 중에 인간이 원천적으로 알 수 없는 것, 즉 불확실성에 대한 예상은 불규칙하게 나타날 것이므로 불확실한 미래는 합리적 기대에서 오류항 정도로 처리된다. 그리하여 현재의 의사결정이 불완전하다 하더라도, 가능한 범위에서 정보를 최대한 수집하고 이 정보에 기초하여 합리적으로 판단하는 경제 주체의 합리적 기대는 실제의 상황을 거의 정확하게 반영하게 된다.

이러한 관점에 따르면 경제 주체는 시장의 작동에 신호 역할을 하는 가격의 변동을 합리적으로 기대하며, 이에 완전하게 반응한다고 볼 수 있다. 예를 들어 기대 또는 화폐의 수요 및 공급의 변화, 이들에 영향을 미치는 정부의 개입이 경제성장과 실업, 즉 실물경제에 영향을 주게 되는 것은 이러한 개입이 가격 체계를 변동시킬 때 경제 주체가 그 변화를 정확하게 알 수 없기 때문이다. 그런데 만약 이러한 예상이 정확하게 이루어진다면 또는 실제로 정확하지 않더라도 정확할 것으로 기대된다면 모든 가격체계가 비율적으로 상승하게 될 것이고, 이는 실물경제에 전혀 영향을 주지 않는 결과를 낳을 것이다. 이러한 논리 전개를 통해서 화폐량의 증대 등 국가가 개입하여 추진하는 경제 정책은 생산의 확대나 실업의 감소 등 실제 경제 변수들에 영향을 주는 것이 아니라 결국 물가만 상승시키고 말 것이라는 주장이 합리적 기대론이다.

따라서 정부의 정책이 실물경제에 영향을 주는 경우는 기껏해야 경제 주체가 예측할 수 없게 불규칙한 행위를 수행할 뿐인데 이는 사실상 경제가 외적 충격에 의해 받는 변동성 정도만 결과할 뿐이지, 경제 주체가 이러한 변화를 인지하는 순간 경제는 곧바로 실물적 균형으로 되돌아가게 된다.

일견 언뜻 이해하기 어려운 논리이지만, 이러한 논리가 가진 실제적 함의는 상당하다. 이에 따르면 정부의 경제 정책은 불규칙하게 집행될 때만 실물에 영향을 주지만, 이는 합리적이라 볼 수 없다. 따라서 이러한 정책은 추천할 수 없다. 또한 예측가능하게 하는 정부의 정책은 사실상 실물에 전혀 영향을 주지 못할 것이므로 할 필요가 없게 된다(정책 무력성의 명제). 정부가 해야 할 일은 실물을 따라가는 것뿐이다.

 예를 들면 정부가 경기 침체에서 탈출하기 위해 성장률을 높이고, 실업을 낮추기 위해 확장적 통화정책을 펴기로 했다고 하자. 이 정책이 효과를 보려면 사전에 예고 없이 갑자기 통화량을 늘려야 한다는 것이다. 그러나 이것조차도 변화가 발생했다는 것을 인지하고 장기간 유지될 것이라고 믿는다면 경제 주체는 이에 적응하여 자신의 예상 임금상승률을 이에 맞출 것이고 기업은 판매가격을 올릴 것이어서 결과적으로 성장과 고용은 변화하지 않고 물가만 오르게 된다.

결국 경제에는 시장의 힘이 결정하는 자연율이 존재하며, 이러한 자연율을 넘어서려는 정부의 노력은 실패할 것이라는 주장이 합리적 기대론의 주장이다. 따라서 이를 케인시안에 대한 '신고전파의 복수'라고도 부른다.

합리적 기대론은 정부가 할 일은 없다고 가르치는 것 같다. 이것은 이전의 고전파경제학에서 주장한 것이기도 하다. 그런데 오늘날의 자본주의는 고전파경제학이 지배할 때의 자본주의, 즉 단순한 자유방임 자본주의가 아니다. 오늘날의 자본주의는 혼합 자본주의이며, 실제의 정부는 끊임없이 무엇인가를 하고 있다. 그렇기 때문에 합리적 기대 이론이 진짜로 정부가 아무것도 하지 말라고 하는 것은 아니라고 보아야 할 것이다. 오히려 정부가 해야할 방향을 지시하고 있다.

예를 들어 경제 침체로 실업률이 매우 높아 10퍼센트에 달한다고 하자. 정부는 본능적으로 실업률을 낮추기 위해 확대 재정 정책(감세 또는 정부 지출의 확대)을 취하게 된다. 그러나 합리적 기대론자에 따르면 자연실업률을 먼저 계산하여 이 실업률이 6퍼센트일 때, 4퍼센트만 줄이기 위한 확대정책을 펴야 한다. 만약 자연실업률이 10퍼센트라면 그냥 두어야 한다. 또 다른 예로 인플레이션율이 매우 높은 10퍼센트대에 이른다고 하자. 상식적으로는 인플레이션을 낮추기 위해 긴축정책을 펴면 실업률이 매우 높아지게 된다. 특히 실업과 인플레이션이 같이 상승하는 스태그플레이션 상황에서는 확대정책은 인플레이션을 더 높이고, 긴축정책은 실업을 더 증가시키는 딜레마에 빠진다. 그러나 합리적 기대론자에 따르면, 정부가 인플레이션을 잡기 위한 긴축정책을 미리 공시하고 정책을 집행할 경우 실업률은 자연실업률 이상 오르지 않고 인플레이션만 떨어질 수도 있다. 경제 주체가 인플레이션을 잡기 위한 긴축정책의 방향을 정확하게 알고 있으므로 이에 맞춘 경제적 의사결정을 하기 때문이다.

따라서 합리적 기대론은 정부정책의 방향을 대체로 시장에 맡기는 정부 정책들, 예를 들어 탈규제 정책, 민영화 정책, 노동시장 유연화 정책 등을 추진할 것을 권고하게 된다. 이렇게 되면 이론은 비록 다르지만 정부 정책의 방향이라는 측면에서는 통화주의나 합리적 기대론자나 다를 바가 없다.

통화주의나 합리적 기대론자들의 주장은 민물학파의 주된 관점이 되며 미국뿐 아니라 다른 나라에서 시장을 복원하는 시장주의적 신고전파 정치경제학을 확산시키는 소재가 되었다. 이른바 제3세계에 '시카고 보이즈'라고 불리는 신자유주의적 정책 추진자들의 등장은 통화주의와 합리적 기대론자 등 현대화된 고전파경제학에 기인한 바가 크다. 이러한 새로운 고전파경제학을 '새고전파'라고 불러 케인시안적 요소가 있는 신고전파종합과 구별한다.

### 신자유주의와 오스트리아 학파

1980년대 초반부터 유행한 신자유주의라는 사조는 정체가 불분명하다. 1980년대 이후부터 케인시안 정책이 집중적으로 비판받으면서 등장한 오늘날 자본주의의 특징이지만, 이 용어 자체는 매우 다양한 차원에서 논의되고 있기 때문에 신자유주의가 이것이라고 단언하여 말하기는 곤란하다. 신자유주의는 정책일 수도 있고, 정치운동 또는 정치이념일 수도 있으며, 경제학의 사상일 수도 있다.

따라서 모두가 합의하는 신자유주의의 개념에서부터 출발해 보자. 새케인시안 경제학자이면서 노벨경제학상을 받았던 콜롬비아 대학 교수 조지프 스티글리츠Joseph E. Stiglitz는 자신의 저서 《세계화와 그것에 대한 불만Globalization and its Discontents》에서 경제 정책의 영역에서의 신자유주의를 탈규제, 민영화, 시장화 정책으로 규정했다. 따라서 신자유주의는 시장의 복원을 외치며 시장 중심으로 경제를 재구축하자는 정책을 의미할 수 있다. 실제 이러한 의미에서의 신자유주의는 선진 자본주의 국가, 특히 1980년대 초의 영국과 미국에서 기원한다.

신자유주의 정치가 시작된 것은 신우파라고 불리는 신보수주의 정치운동에 의해서였다. 미국 골수 민주당원이면서 2008년에 노벨 경제학상을 받았던 폴 크루그먼Paul Krugman의 《자유주의자의 신념The Conscience of a Liberal》에 의하면, 미국에서는 1970년대부터 민주당 정부에 반대하는 공화당 내에서 친기업적 연구소, 기독교 근본주의적 정치가 등이 규합한 신우파 운동이 확산되었다. 이 운동은 레이건Ronald Reagan의 집권으로 성공을 거두었다. 레이건은 정부가 문제 해결의 방법이 아니며 정부 자체가 문제라고 비난하면서 집권했기 때문에 집권 후 감세 정책을 통해서 자신의 이념인 작은 정부를 보여주는 듯했다.

하지만 실제로 감세는 부유층에 집중되었다. 또한 대규모 감세에도 불구하고 전쟁비용 지출은 늘었으며, 이런 차원에서의 국가는 결코 후퇴하지 않았다. 미국의 연방예산은 대규모 적자를 초래했고, 동시에 무역적자도 극심해져서 이른바 '쌍둥이 적자'가 나타났다. 노동계급에 대한 정책도 탈규제 정책과 더불어 공격적으로 변화했다. 대표적인 예가 항공 산업으로서, 확실한 안전 규제 장치와 각종 요금 및 노선 규제 속에서 비교적 안정적으로 발전하고 있던 항공 산업은 급격한 탈규제 정책 과정에서 항공노조와 크게 대결했다. 레이건이 항공 관제사의 파업을 분쇄한 이래 항공 산업은 적나라한 경쟁 속에 빨려 들어갔다.

이런 식의 신자유주의는 이후 중남미 등 제3세계로 수출되어 극우적 형태를 띠었다. 칠레의 피노체트Augusto Pinochet 정부도

하이에크

분명히 독재정권이지만, 개방과 자유화 경제정책으로 인해 신자유주의 정부라고도 불린다.

또한 오늘날 신자유주의는 경쟁 지상주의이기도 하다. 공동체적인 단합, 사회주의, 파시즘을 모두 싸잡아 전체주의로 매도하면서 개인의 절대적 자유를 주장하는데, 이는 사실상 극단적인 경쟁주의로 귀결할 수 있다. 우리는 이미 앞에서 제어되지 않은 극단적 경쟁주의가 20세기 초에 어떤 결과를 낳았는지 보았지만, 인류 역사는 또 다른 형태의 경쟁주의를 목도하고 그 실패조차도 현재 보고 있는 중이다.

이러한 신자유주의를 경제학적으로 살펴보면, 신자유주의 이데올로기는 이보다 훨씬 이른 시기에 하이에크Friedrich August von Hayek에서 시작하였다. 하이에크는 케인스와 동시대인으로서, 케인스와 이론적으로 대결하였다. 물론 당시에는 크게 인기가 없었지만, 1980년대 신자유주의 정책이 유행하기 시작하자 대중적 인기를 얻게 된다.

하이에크의 이론은 이론구조에서는 고전파–신고전파–새고전파 계열의 논리와 다르다. 하이에크는 기계론적, 물리학적 비유와 방법론을 중시했던 영국 중심의 분석적인 앵글로색슨 경제학과 다른 서술적 경제학 계열의 학자였다. 원래 경제학이 탄생한 곳은 영국이며 초기 경제학인 고전파경제학은 서술적이며 인문적이었다. 하지만 리카도의 분석적 논의 이래 신고전파경제학에 이르면서 경제학에 수학적 모델을 도입한 분석적 방법론이 득세하게 되어 미국의 주류 경제학으로 이어졌다. 그러나 하이에크는 시장을 중시한다는 점에서는 신고전파경제학과 같은 관점이지만, 그 관점을 논리적으로 설명하는 방식은 수학적 모델을 이용하지 않고 인문학적 방법을 차용했다. 뿐만 아니라 사회 구조가 가진 불확실성과 복잡성 등의 문제를 단순화시키려고 하지 않았다. 오히려 하이에크는 우리 사회가 복잡한 구성물이므로 시장이라는 과정——이를 하이에크는 '자생적 질서spontaneous order'라고 불렀다——이 필요하다고 보았다. 하이에크는 복잡성과 불확실성의 문제를 시장 불완전성의 원인으로 보았던 케인스와 달리, 바로 그 불확실성 때문에 정부는 (아무리 의도가 선량하다고 해도) 경제적 의사결정을 효율적으로 할 수 있게 하는 엄청난 정보의 수집 및 그 처리 능력을 갖추지 못한다고 보았다. 하물며 정부 정책의 의도가 선량하지만은 않다는 현실을 고려할 때는 다른 말을 해서 무엇하랴.

오히려 비록 불완전한 정보 하에서라도 독립적, 분권적 의사결정 구조를 갖춘 합리적 행위자들 간의 경쟁적 대립관계, 즉 시장 과정market process만이 현대 경제를 운영하는 데 필수적인 정확하고 세부적인 정보를 생성하고, 효과적으로 사용할 수 있다.

하이에크류의 경제학은 고전파-신고전파-새고전파로 이어지는 미국식 경제학의 주류와 논리전개의 방법론은 다르지만, 공유하고 있는 신념은 같다. 바로 시장에 대한 것이다. 이러한 시장에 대한 신념, 재산권의 자유, 기업의 자유를 중시하는 이념 체계를 신자유주의로 통칭할 수 있다면, 신자유주의 경제학에는 이제 고전파-신고전파-새고전파를 포함하여 하이에크류의 경제학도 포함된다.

그러나 문제는 이러한 신자유주의를 채택한 결과다. 신자유주의를 채택한 결과에 대해서는 다음 장에서 살펴보겠다.

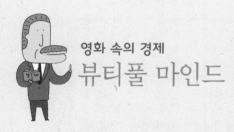

영화 속의 경제

# 뷰티풀 마인드

〈뷰티풀 마인드A Beautiful Mind〉는 노벨경제학상을 수상한 존 내쉬John Nash라는 천재 수학자의 실화를 바탕으로 한 영화로, 미국의 론 하워드Ron Howard 감독에 의해 2001년 만들어졌다.

어린 시절부터 천재적인 재능으로 주위의 인정을 받았던 존 내쉬는 1940년대에 엘리트만이 갈 수 있다는 프리스턴 대학에 추천 장학생으로 들어간다. 그는 모든 것을 이성적으로 생각하며 증명되지 않은 것은 불신하는 인물이다.

그러나 천재여서인지, 젊어서부터 주변에서 기대를 많이 해서인지, 그는 자신만의 독창적인 이론을 찾아야 한다는 강박증에 사로잡혀 현실과 환상을 구분할 수 없는 병에 걸리고 만다. '이성'만을 철저하게 믿던 자신이 그 '이성'마저 믿지 못하는 상황에 처한 것이다. 정신분열이 발병하기 전 어느 날, 친구들과 함께 들른 술집에서 금발 미녀를 둘러싼 친구들의 경쟁을 지켜보던 존 내쉬는 섬광 같은 직관으로 새로운 균형이론의 단서를 발견한다. 1949년 내쉬균형에 관한 27쪽짜리 논

실존인물 존 내쉬

문을 발표한 스무 살 청년 존 내쉬는 하루아침에 학계의 스타로, 제2
의 아인슈타인으로 떠오른다. 이후 MIT 교수로 승승장구하던 그는 소
련의 스파이가 자신을 죽이러 쫓아다닌다는 등의 점점 더 심해지는 정
신분열 증세에 학문을 중단해야 하는 위기까지 겪는다.

　존 내쉬의 내쉬균형은 개인주의적인 경제상을 비판하는 것이다. 요
컨대 의사결정을 할 때 타자를 고려하여 의사결정을 하는 전략적 행위
의 상황을 고려하면 전체에게 가장 좋은 의사결정이 일어나는 것이 아
니라 오히려 최악의 선택도 발생할 수 있다는 점을 지적하였다. 이는
협조하지 않고 경쟁만 하는 시장에서의 의사결정이 사회적 최적의 결
과를 초래하지 않을 수 있음을 보여줌으로써 애덤 스미스 이래 주류경
제학의 기본 신념에 이론적 문제제기를 하게 된 것이다.

하지만 아이러니하게도 정작 존 내쉬 자신은 타자로부터 고립되어 있는 내성적이고 무뚝뚝한 인물이었다. 젊은 시절 존 내쉬는 머리는 뛰어나지만 오만에 똘똘 뭉쳐 다른 사람을 인정하지 않았고, 교수가 된 후에도 학문을 나누지는 않고 더 많은 사람들에게 인정받고만 싶어 하는 등 감성이 부족했다. 하지만 정신분열증을 극복하는 과정에서 헌신적으로 자신의 곁을 지켜준 사랑하는 아내의 도움으로, 또 학문 추구에의 뜨거운 마음인 '뷰티풀 마인드'로 노벨 경제학상을 받게 된다.

# 위기의 자본주의

## 제5장

1980년대부터 시작된 신자유주의 시기에 일어났던 여러 사건들로부터 우리는 신자유주의가 케인스주의를 대체한다면 훨씬 나은 미래가 도래할 것이라고 한 신자유주의의 약속이 전혀 지켜지지 못했다는 점을 알 수 있다. 이는 새고전파적 주류 경제학, 그리고 신자유주의 경제학에 중대한 도전장을 던지고 있다.

## 1. 주류경제학의 자기비판

GDP는 'Gross Domestic Product'의 약자로, 국내총생산이라는 뜻이다. 이 GDP를 인구수로 나눈 것이 1인당 GDP인데, 이는 그 나라 국민의 평균소득을 측정하는 변수로 사용한다.

### 신자유주의에 도전장을 던지다

시장 중심 사고는 신자유주의 경제학으로 종합되면서 성공적으로 복권되었다. 그런데 이 이론에 기반하여 추진한 정책, 즉 신자유주의 정책의 귀결은 무엇인가? 세계적으로 1인당 GDP 성장

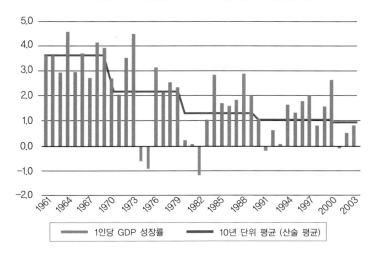

세계의 1인당 GDP 성장률(1961~2003), 단위 : 연간변화율 %

| 1인당 GDP 성장률 | 10년 단위 평균 (산술 평균) |

률은 1960~80년까지 연 3.1퍼센트 증가했다. 이는 물론 전후 자본주의 황금기의 실적보다는 못한 것이다. 그런데 신자유주의가 지배했던 1980~2000년대에는 1인당 GDP 성장률이 겨우 1~2퍼센트에 머무른다. 전 세계를 단순히 수치적으로 평균화해서 파악해본 것이라고는 하지만 신통치 않은 실적이다.

이 시기에는 전체적 성장률이 낮은 것은 물론이거니와, 상대적 빈곤과 양극화도 심화되었다. 뒤의 그래프에서 볼 수 있듯이 신자유주의 시기 최빈국 20개국의 실적은 40여 년이 지난 지금도 거의 같은 수준에 불과하고, 최부국 20개국은 40여 년 동안 소득이 약 세 배 증가하는 등 양극화가 세계적으로 극심해졌다.

또한 세계는 점점 증가하는 지역주의 갈등과 테러리즘으로 인한 안보의 위협 속에 살고 있고, 그 갈등은 신자유주의 시기에 득

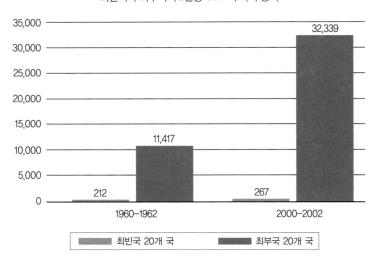

최빈국과 최부국의 1인당 GDP의 격차 증가

| | 1960-1962 | 2000-2002 |
|---|---|---|
| 최빈국 20개 국 | 212 | 267 |
| 최부국 20개 국 | 11,417 | 32,339 |

세한 미국의 일방주의로 인해 해결될 기미가 보이지 않는다. 미국 달러의 세계화폐적 지위는 계속 하락하면서 달러 본위의 세계경제질서가 붕괴할 조짐마저 보이고 있다.

2차 대전 이후 브레튼우즈에서 케인스와 화이트가 협의한, 이른바 브레튼우즈 체제라고 불리는 전후 화폐금융질서는 금 1온스에 35달러를 교환하는 달러 본위의 고정환율제였다. 그러나 이 체제는 미국이 1971년 달러의 금태환을 정지시키고, 이어 1973년 변동환율제로 이행한 이후부터 주기적인 금융위기를 몰고 왔다. 1980년대 남미의 외채위기, 1997년 한국을 포함한 아시아 금융위기, 1998년 러시아 루블화 위기, 1998년 브라질 · 터키의 위기, 2001년 아르헨티나의 위기 등이 그것이다.

이는 금융의 탈규제가, 케인스가 안락사 시켜야 한다고 주장한

베트남전쟁 전비 조달을 위한 달러의 과잉 발행 등으로 달러 가치가 급락하자, 일부 국가들이 달러를 금으로 교환해줄 것을 요구했고 1971년 닉슨 대통령에 의해 달러와 금의 교환이 정지되면서 고정환율제가 붕괴되었다.

세계적 규모의 금융자본을 부활시킨 결과다. 신자유주의의 최대 수혜자는 바로 이러한 금융자본이었다. 금융자본이 복권된 신자유주의의 지배는 급기야 2008년 말, 특히 미국을 중심으로 한 선진국들의 대규모 금융공황까지 촉발하고 말았다.

우리나라도 예외가 아니었다. 1997년 국제금융위기를 겪으면서 신자유주의 정책이 전면 도입되어 산업의 구조조정이 강요되었고, 대규모 실업이 발생했다. 주식시장, 채권시장 등 자본시장을 전면 개방했고, 공기업을 민영화했으며, 환란을 초래한 주범으로 간주된 재벌을 구조조정 했다. 하지만 금융위기가 끝난 지 10여 년이 지난 지금, 재벌의 경제 집중도는 더 강화되었으며, 노동자들의 근로조건은 악화되었다. 물론 금융위기 시 실업이라는 비극을 맞지 않은 노동자의 경우에는 소득이 더 증가하는 경향이 있었다. 하지만 이 경우에도 근로시간이 증가하고, 노동 강도가 강화되는 등 근로조건이 악화되었다. 금융위기 시에 해고된 노동자들의 대부분은 보다 낮은 안정도를 가진 직업을 가져야 했는데, 이를 비정규직이라 부른다. 우리나라의 경제활동인구는 대체로 8백만 명 정도의 정규직 노동자와 8백만 명 정도의 비정규직 노동자, 그리고 8백만 명 정도의 자영업 종사자들로 구성되는 것으로 알려져 있다.

그리하여 경제위기를 거치면서 한국의 산업구조는 대기업-수출기업을 한편으로 하고, 중소기업-내수기업을 한편으로 하여 양극화가 심화되었다. 또한 안정성이 높고 임금도 높은 일자리와 안정적이지 못하고 임금도 낮은 일자리의 양극화가 확산되었다.

2008년 말의 미국 발 금융공황은 부동산금융(모기지)의 파생상품화 등으로 인한 금융의 과잉팽창이 미국의 부동산 거품 붕괴와 결합하여 나타난 것이었다. 하지만 이는 단순한 금융투기와 거품 붕괴 현상이라기보다는 1980년대부터 등장한 신자유주의의 탈규제 정책의 구조적 결과로 보아야 한다. 신자유주의 탈규제 정책으로, 1945년 이후 규제된 금융자본이 자유화하면서 세계 자본주의에 큰 영향을 미치는 주체로 등장하였고 미국 발 금융위기를 계기로 자기 붕괴했다. 2008년의 금융공황은 신자유주의의 극한적 발전의 귀결을 보여주면서 선진 각국에서 보수정권이 물러나는 계기가 되기도 했다.

사실상 이러한 상황은 1980년대 신자유주의가 지배할 때부터 예견된 것이었다. 이는 20세기 초 자본주의가 격변을 겪으면서 확보한 정부 개입과 사회적 타협이라는 제어장치를 풀어 시장과 금융의 지배를 더욱 강화시킨 결과다.

### 시장에 모두 맡길 수는 없다

이러한 문제의식에 동조했던 일군의 경제학자들은 신고전파-새고전파로 이어지는 주류경제학의 이론들에 의문을 표함으로써, 주류경제학의 시장중심적이고 비현실적 정책처방과는 다른 현실적 처방을 제시하고자 했다. 따라서 이들은 주류 경제학이 시장의 효과를 증명하기 위해서 전제한 이론 모델인 완전경쟁시장 모델의 비현실적 가정들을 비판하였다.

신고전파의 완전경쟁 모델의 가정은 3장의 마지막에서 언급한 비경쟁적 상황(독점 등), 공공재, 외부성의 세 가지였다.

이러한 세 가지 조건이 발생할 경우 시장은 사회적 자원의 최적 배분에 실패하게 되는, 이른바 시장실패의 상황에 빠지며 이때는 국가가 개입해야 한다는 이론이 제기되었는데 이것이 후생경제학의 주제였다. 후생경제학은 비록 국가의 개입을 주장하는 논리지만, 주류경제학과 완전히 동일한 방법론을 사용한다. 즉 효용이론을 그대로 사용하는 것이다. 따라서 후생경제학은 국가 개입을 지지하지만 경제학의 한 분과로 자리매김하여 주류경제학에 포함되었다.

그런데 케인스의 신고전파에 대한 비판은 보다 근본적이었다.

케인스는 단순히 독과점, 공공재, 외부성과 같은 미시적 차원의 시장실패 때문이 아니라 보다 큰 문제, 즉 실업과 인플레이션 같은 국민경제에 따른 문제를 제기한 것이었다. 말하자면 거시적 차원의 시장 실패의 문제들이었다.

1970년대와 80년대를 거쳐 케인스를 비판하면서 등장한 다종 다양한 신자유주의 경제학은 사실상 거시적 시장 실패를 인정하지 않는다. 따라서 미시적 시장 실패의 문제는 신고전파-새고전파-오스트리아학파를 묶는 신자유주의 경제학을 비판하는 핵심 고리가 되었다.

시장 실패에 대한 새로운 비판은 두 가지 방향에서 출현하였다. 하나는 케인스 경제학의 복원을 통하여, 다른 하나는 고립된 합리적 경제인이라는 가정의 수정을 통해서였다.

첫째의 비판, 즉 케인스 경제학의 복원은 새케인시안에 의해 수행되었다. 포스트 케인스 시대에 지배적 이론이 된 합리적 기대론은 케인스 경제학이 기대를 단순히 비합리적인 행위로 간주하는 오류를 범했다고 비판했다. 따라서 일군의 케인스 경제학자, 즉 미국의 짠물학파 경제학자들은 케인스의 이론을 복권시키기 전에, 일단 합리적 기대라는 새고전파의 가정을 수용하였다. 이들은 케인스의 거시경제학이 신고전파의 미시경제학과 완전히 다른 방법론을 가지고 있다는 점을 이론의 장점이 아니라 단점으로 보는 새고전파에 동의했다. 왜냐하면 케인스 경제학은 일반적인 개별 의사주체의 의사결정 문제를 다루지 않고, 바로 국민경제의 집계변수(集計變數 : aggregate variables)를 다루어 미시경제학과 분리된 논리체계를 가지고 있기 때문이다. 새케인시안은 케인스 거시경제학이 미시경제학의 방법론을 채택하지 않은 것을 약점으로 보고 여기에 미시적 접근을 수용했다. 그리하여 미시적 기초를 합리적 기대론에 근거하여 설명하되, 케인스의 결론(시장 실패)을 증명하고자 했던 것이다.

이러한 시도에서 이들이 주목한 것은 판매자와 구매자 사이에 정보가 완전하지 않다는 점이었다. 고전학파의 세계에서 시장 거래의 주체들에게 정보는 완전하다고 가정되었다. 하지만 새로운 케인시안들은 단순히 정보가 불완전하다, 미래가 불확실하다는 차원에서는 주류 경제학의 합리적 기대론을 제대로 비판할 수 없다고 생각했다. 그리하여 정보가 불완전하게 분포된 특수한 경우를 제시하였는데, 그것은 판매자와 구매자 중 한쪽은 완전히 알지만 다른 쪽은 잘 모르는 경우다.

이들에게 이러한 아이디어를 준 중요한 관찰 사례는 중고차 시장이었다. 새 차의 경우도 품질의 차이가 있을 수 있지만 몇 년 된 중고차의 경우 같은 제품, 같은 연식이라도 품질이 천차만별이다. 사고가 났을 수도 있고, 그동안의 관리가 소홀했을 수도 있으며, 규칙적으로 갈아줘야 할 부품이 교체되지 않았을 수도 있다. 이러한 정보를 판매자는 다 알고 있다. 하지만 구매자는 판매자가 알려주지 않으면 모른다. 게다가 판매자에게는 이를 알려줄 유인(誘因, incentive)이 없다. 이 경우 판매자가 제안한 가격을 구매자가 믿지 못하는 상황이 발생하여, 결국 중고차 시장에서 결정되는 가격은 제대로 된 신호로서 역할을 하지 못하게 된다.

물론 일부의 신자유주의 경제학자들, 예를 들어 하이에크 같은 오스트리아학파들이 정보의 문제를 중요하게 간주했다는 점은 이미 앞에서 살펴보았다.

　이들은 중고차 시장으로 정보의 비대칭성 문제를 연습한 이후,
자본주의 시장경제에서의 본질적 상품들로 분석을 넓혀 나갔다.
그것은 바로 화폐와 노동이다. 사실 시장에서 거래되는 것은 재
화와 서비스인데 이를 팔릴 수 있는 재화와 서비스, 즉 상품으로
부르는 것은 크게 이상하지 않다. 오늘날 자본주의 사회에서는
화폐와 노동도 상품으로 시장에서 거래되고 있다. 그런데 화폐는
상품이 아니며, 노동 역시 팔기 위해 인간이 만들어낸 재화가 아
니다. 이러한 기묘한 현실이 왜 기묘한가는 경제학에서 매우 오
래된 논쟁거리였다. 새로운 케인시안들은 이러한 기묘함이 바로
정보가 비대칭적으로 분포되는 결과를 낳는다고 보았다. 예를 들
어 노동시장의 판매자는 노동자이고 구매자는 기업이며 매매되

는 상품은 노동력이다. 그런데 구매하는 노동력의 품질 또는 얼마나 열심히 일할 것인가에 대한 확신이 구매자(기업)에게는 없다. 왜냐하면 노동력의 판매자인 노동자가 그 품질에 대해, 또 그 열의에 대해 알려주지 않을 유인이 있기 때문이다.

화폐의 경우 화폐의 대부자와 채무자 간에 정보가 비대칭적으로 분포된다. 예를 들면 잠재적 채무자인 기업가는 화폐를 대부해줄 수 있는 대부자(예컨대 은행)에게 사업의 프로젝트를 침을 튀겨가며 설명하여 이자를 주고 돈을 꾸려고 한다. 이때 은행은 기업의 사업계획서를 보고 돈을 꾸어줄지 말지를 결정한다. 그러나 이 사업계획서에 어떤 위험성이 있는지 잠재적 채무자는 알리고 싶지 않을 것이다. 다양한 채무자들은 돈을 꾸기 위해 여러 가지 조건을 제안할 것인데 우리의 시장이론에 따르면 돈의 가격, 즉 이자율의 높이로서 자신에게 돈이 얼마나 절실한지를 표시할 것이다. 즉 여기서는 화폐시장의 가격인 이자율이 신호로서 역할을 한다. 문제는 은행이 가장 높은 이자를 내겠다고 약속한 채무자를 의심한다는 점이다. 은행은 사업계획서의 위험도 진위 여부를 알아낼 수 없다. 따라서 가장 높은 이자를 내겠다는 사람이 어쩌면 사기꾼일 수도 있다고 의심한다. 결과적으로 은행은 채권자와 채무자 간에 화폐에 대한 수요와 공급을 일치시키는 이자율보다 조금 낮은 수준의 이자율에 대출을 해준다. 이렇게 되면 대출 수요가 대출 공급을 초과하게 되어 은행은 항상 돈을 빌리려는 사람들로 북적거리게 된다. 은행은 이제 어떤 채무자가 더 믿을 만한 채무자인지를 알아내기 위해서 이자율이라는 신호 말고 다른 신호를 찾는다. 이렇게 되면 이자율이 자금이라는 자원을 효율적으로 배분하는 신호 역할을 효과적으로 할 수 없다.

똑같은 논리를 노동시장에도 적용할 수 있다. 노동자들은 고용주에게 자신이 무슨 일을 잘할 수 있는지 정확히 알리지 않는다. 물론 처음에는 과장되게 알려줄 것이다. 따라서 고용주는 노동자들이 자신이 잘할 수 있다고 선전하는 내용을 믿을 수 없다. 이 경우에 시장 임금 수준이 내려간다면 그 임금으로는 도저히 일할 수 없다고 생각하는 고 생산성 노동자는 노동시장에서 이탈하겠지만 그 임금이면 "충분히 높은 수준이군"이라며 반기는 저 생산성 노동자는 여전히 노동시장에 남게 된다. 결국 시장 임금 수준이 내려갈 때마다 높은 생산성의 노동자는 자꾸 없어지고 낮은 생산성의 노동자, 또 그보다 더 낮은 생산성의 노동자들로 노동시장이 구성되게 된다. 이런 과정이 계속되다 보면, 노동시장에는 양질의 노동자는 이탈하고 낮은 품질의 노동자만 남아 있게 될 것이다. 이 경우 고용주는 차라리 시장에서 수요와 공급을 일치시키는 임금 수준보다 높은 수준의 임금을 제시하는 게 낫다. 이렇게 되면 높은 생산성의 노동자도 지원하게 될 것이다. 그런데 이 경우 기업은 임금으로 노동자를 선별하는 것이 아니라 다른 추가적 선별조건을 찾아야 한다.

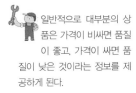

일반적으로 대부분의 상품은 가격이 비싸면 품질이 좋고, 가격이 싸면 품질이 낮은 것이라는 정보를 제공하게 된다.

그래서 우리나라 대기업은 중소기업보다 상대적으로 높은 임금을 지급하면서 선발조건을 매우 까다롭게 하는 것이다. 여기서도 임금이 노동이라는 생산자원을 효과적으로 배분하는 역할을 수행하지 못하고 있다는 것을 알 수 있다. 문제는 이러한 행위의 결과다. 정보가 비대칭적으로 분포된 상태에서 고용주가 노동의 수요와 공급을 일치시키는 균형임금보다 더 높은 임금을 지불하려는 행위는 비합리적 행위가 아니라 이윤을 극대화하려는 지극히 합리적인 행위다. 그러나 결과적으로 볼 때 이러한 행위는 실업을 양산한다.

이렇게 해서 케인스 경제학은 새고전파의 합리적 기대론을 그대로 원용하면서도 정보의 비대칭성을 가정하여, 실업이 계속 존재하는 특이한 균형이라는 케인스의 원래 결론을 도출할 수 있었다. 앞으로 가나, 뒤로 가나 결론은 같다. 새고전파의 가정을 도입하더라도 시장은 실패하며, 국가는 개입해야 한다.

현대 경제학자들이 신고전파–새고전파 경제학에 반기를 든 두 번째 방법은 타자로부터 고립되어 철저히 개인주의적인 경제 주체상을 비판하는 것이었다. 물론 인간이 사회적이라거나, 경제 주체의 의사결정이 반드시 자신의 목적을 극대화하는 것은 아니라는 비판은 예전부터 있었지만, 이런 유의 비판은 주류경제학자들에게는 지나치게 근본적인 비판이었다. 바로 이 때문에, 인간이 이기적이지 않고 이타주의적 속성이 있다는 근본적 비판은 주류경제학에서 전혀 수용되지 않았던 것이다.

경제 주체들 간의 의사결정에서 상호성이라는 특성이 현실적으로 존재한다는 사실은 과점 시장만 보아도 금방 알 수 있다. 과점 시장에서 공급자의 수는 극히 소수로 한정된다. 예를 들어 공급자가 둘만 있는 복점duopoly 시장을 생각해보자. 기업 A가 자신의 이익을 극대화하는 생산량과 가격을 결정할 때, A의 결정은 B

복점이란, 두 개의 기업이 시장에 존재하는 경우를 말한다. 독점은 하나의 기업만이 시장에서 필요로 하는 수요를 충족하는 것이며, 3개 이상 다수의 기업이 시장을 지배하는 경우 과점이라고 불린다.

가 어떤 결정을 하느냐에 따라 달라진다. 따라서 A는 B의 의사결정에 대한 예상에 입각하여 의사결정을 수행하게 되므로 B의 행위에 대해 예상해야 하고, A 자신이 직면한 조건만으로 극대화된 의사결정을 할 수 없다.

경제학자들은 이 문제를 진작 의식하고 있었고, 특히 과점 시장 분석에서는 결정적으로 중요한 요인이 된다는 것을 알고 있었지만, 어떻게 풀어야 할지를 몰랐다. 여기에 존 내쉬라는 수학자가 일종의 돌파구를 제시했다. 내쉬의 새로운 균형 개념은 경제학의 난제를 해결하는 단순하면서도 전혀 다른 도구를 제시했던 것이다. 이를 '게임이론game theory'이라 부른다.

존 내쉬의 일대기를 그린 영화인 〈뷰티풀 마인드〉를 보면 내쉬의 지도교수가 "자네의 연구는 경제학의 지난 2백 년 기초를 허물어버린 거라네"라고 말하는 장면이 있다. 여기서 내쉬는 상호작용이 존재하는 경우에는 시장과 같이 분권화된 의사결정이 사회적으로 가장 좋은 상태를 낳지 않는 경우도 있다는 점을 보임으로써, 최적화가 아닌 균형이 존재할 수 있고, 심지어 균형이 복수이거나 없는 경우도 있다는 것을 알려준다.

이러한 대표적 사례가 '용의자의 딜레마prisoner's dilemma'이다. 두 명의 범죄 용의자가 있는데, 증거는 없고 심증만 있어 자백을 받아야 하는 경우가 있다. 이때 형사가 두 명의 용의자를 분리 수감하고, "만약 자네가 범죄를 자백하면 자백하는 자네는 무죄 방면해주고, 자네 친구는 가중 처벌(10년 형)을 살게 되네"라며 회유한다고 하자. 그리고 둘 다 안 했다고 버틴다면 증거가 없기 때문에 1년 형만 받게 되고, 두 용의자가 동시에 자백하면 각각 7년 형을 받는다고 하자. 이러한 상황에서 두 용의자는 어떤 결론을 자신의 최선의 선택이라고 생각하게 될까?

|  | B가 자백함 | B가 자백하지 않음 |
|---|---|---|
| A가 자백함 | A : 7년형  B : 7년형 | A : 석방  B : 10년형 |
| A가 자백하지 않음 | A : 10년형  B : 석방 | A : 1년형  B : 1년형 |

이 모형은 선택 과정에서 타인의 행동을 고려했다는 점만 제외하면 신고전파 경제학에서 가정하는 경제주체, 즉 효용이든 이윤이든 자신의 목적을 극대화하는 경제주체를 벗어나지 않는다는 점에서 흥미롭다. 이러한 조건하에서 두 용의자의 최적의 선택은

모두 자백하는 것으로 끝난다. B라는 용의자가 자백할 경우에, A도 자백하면 두 사람 모두 7년형을 받고, A가 부인하면 A만 10년형을 받으므로 A는 자백하는 것이 유리하다. 만약 용의자 B가 자백하지 않을 경우에, A가 자백하면 A는 무죄 방면되고, A도 부인하면 두 사람 모두 1년 형을 받으므로 역시 A는 자백하는 것이 유리하다. 그래서 B의 행동을 고려한 A의 최선의 선택은 자백이 되는 것이다. 실상 결과적으로 볼 때 B가 어떤 선택을 하든지 A는 자백하는 것이 유리하다. 이 상황은 거꾸로도 성립하여 B 역시 자백하는 것이 어떤 경우든 유리하다. A든 B든 자백이 유리하므로 둘 다 자백할 것이고, 이것은 마치 경제학에서의 균형과 같다.

이 균형은 흥미롭게도, 시장과 같이 타자와 협력하지 않고 경쟁하는 자율적이고 분권적 의사결정이 사회적으로 볼 때는 전혀 최적의 의사결정이 못 된다는 사례를 보여준다. 전체 입장에서 볼 때는 두 용의자가 서로 부인하여 1년형씩을 받는 것이, 한 사람이 부인하고 한 사람은 자백하여 10년형을 받거나, 모두 자백하여 7년형씩을 받는 것보다 낫다. 하지만 서로 부인하는 경우는 중앙의 계획 당국의 지도나 참여자들의 협조가 없이 경쟁에 의해 각자가 자신의 이익만 추구하여 결정하는 분권적 의사결정에서 나타나지 않는다는 것이다. 따라서 이 모형은 시장실패에 대한 일종의 비유가 된다.

내쉬가 제안한 이 같은 전략적 행위의 분석은 과점시장, 공공재, 외부성 등 시장 실패가 일어나는 많은 경우에 적용해볼 수 있다.

물론 신고전파-새고전파에 대한 이러한 비판은 경제 주체의

합리적 선택을 전제한다는 점에서 여전히 주류적이다. 그래서 이
두 이론을 구축한 이론가인 조지프 스티글리츠와 존 내쉬는 마르
크스 경제학이나 제도주의 경제학과는 달리 경제학 교과서에 편
입됐고, 모두 노벨경제학상을 받았다. 하지만 이 비판은 주류경
제학 내의 비판이면서 동시에 케인스적 함의를 가진다. 즉 시장
에 모두 맡기면 안 되며, 정부가 적절한 규제와 개입을 해야 한다
는 것이다.

## 2. 자본주의 위기 시대의 경제학

그렇다면, 케인스의 복원만으로 충분할까? 경제학 내부의 자기 비판조차도 사실상 점점 증가하는 현대사회의 위기감을 해소할 수는 없다. 안전의 문제, 복지의 문제는 단순히 사회학과 복지학의 과제로만 치부하고 경제학은 여기에 책임이 없다고 할 수 있을까? 빈곤, 인종, 성차별 문제 등 전통적으로 사회학의 주제로만 여겨져 왔던 사회문제들을 경제학이 외면할 수 있을까?

〈들어가는 말〉에서 살펴보았던 '사회과학자들은 열쇠를 잃어버린 곳에서 찾는 것이 아니라 자신들이 비춰볼 수 있는 가로등 밑에서만 찾는다'는 월러스틴의 말을 응용하면, 경제학 또한 자신이 풀고 싶은 문제만 푼다고 할 수 있다. 그러면 자기가 풀고 싶은, 풀 수 있는 문제만 푸는 학문이 완전하다고 할 수 있을까? 또 그 학문이 제대로 된 학문이라고 할 수 있을까?

산업혁명 이후 자본주의는 물질적 부의 총량의 성장, 생산의 혁신에는 성공했지만 부의 분배, 즉 빈곤과 계급의 문제를 악화시킨 주범으로 비판받았다. 이는 곧 주류 경제학은 이 문제를 회피했으며, 비주류 경제학은 이 문제를 중심으로 연구했다는 것을 뜻한다. 따라서 성장, 분배, 빈곤, 계급의 문제는 경제학이 해결해야 할 진정한 경제학의 문제가 된다.

또한 전통적으로 사회적, 문명적 문제라고 생각된 빈곤, 안전, 복지의 문제는 경제적 문제이기도 하다는 점을 부정할 수는 없을 것이다. 게다가 자본주의는 계속 진화하고 있다. 계급, 빈곤, 복지

등과 같은 기존의 사회문제들 역시 여전히 중요한 문제임은 틀림없지만, 최근에는 인종과 성차별 등 새로운 복합적인 문제들이 추가로 제기되고 있다.

고전적인 쟁점인 생산의 문제도 더욱 복잡해졌다. 기존의 물질적 재화뿐 아니라 비물질적 재화 등으로 생산되는 재화와 서비스의 범위가 더 확대되었다. 예를 들어 인터넷의 발달로 사이버 세상이 형성되었으며, 사이버 세상에서 재화와 서비스가 교류된다. 또한 생산과정에서도 기존의 공장 노동자를 중심으로 한 생산체계에서 공장노동자의 비중이 축소되고, 사무직 노동자의 비중이 증가하는 과정을 겪었다. 근로 형태도 공장이나 사무실에서 모여서 근무하는 조직 근무에서 재택근무가 출현하는 등 다양화되었다. 여기서 생산과 생산자의 개념이 불가피하게 확장되었으며, 기

존의 고전파 경제학들이 상정했던 연구의 대상이 변화되었다. 앨빈 토플러Alvin Toffler가 말하는 생산소비자(참여형 소비자: prosumer), 즉 인터넷 공간의 누리꾼과 같이 소비하면서 동시에 생산하는 주체들도 등장하고 있다.

그런데 놀라운 것은 노동자의 빈곤은 해소되지 않고 저임금 노동력이 새로운 형태로 양산되고 있다는 점이다. 종전에 자본주의와 가장 대립했으며 노동운동을 이끌었던 조직된 대공장 중심의 산업노동자들은 여전히 자본가에 대해 비판적이긴 하나 체제의 한 부분으로 포섭되는 경향을 보여주며 자본주의 내에서 비교적 안정적인 집단을 구성한 반면, 이러한 노동조합도 구성하지 못하는 비정규직, 불완전고용자, 실업자들이 지속적으로 양산되고 있다. 새로움과 기존의 것이 서로 뒤섞여 현재의 자본주의를 규정하고 있다. 그리하여 경쟁을 기반으로 하는 현재의 자본주의는 자본주의가 품고 있는 사회의 모든 구성원에게 필요한 일을 주지 못하는 것이 아닐까 하는 의구심을 품게 하고 있다. 이제 생산에 필요한 노동인력은 점차 줄어들고 있으며 많은 실업자의 항상적 존재는 불가피하다. 이들은 자본주의적 생산과정에서 일시적으로 이탈하는 것이 아니라 구조적으로 이탈하고 있다. 일본의 프리터(フリーター)는 정규직을 갖지 않은 불완전고용자와 실업자를 모두 포괄하는데, 일본에서는 대졸자 4명 중 1명이 프리터라고 할 정도로 청년 고용 상태가 불안하다. 이는 이미 산업 구조가 대량의 직업을 창출하지 못하는 것으로 바뀐 것을 의미하는 것이 아닐까?

이는 모두 자본주의의 종말을 의미하는 것일까? 자본주의가 만

freeter, 즉 free + arbeiter의 일본식 합성어로 아르바이트나 계약직으로 생계를 꾸리는 사람을 일컫는다.

영국 노동조합의 집회 모습

약 이윤추구를 목적으로 하는 기업 체제와 시장이 자원 배분을 지배하는 사회를 말하는 것이라면 아직 종말에 다다른 것은 아니다. 하지만 생산의 대상, 범위, 방식이라는 면에서는 크게 변화한 것이 사실이다. 자본주의는 단순히 생산의 혁명만 가져온 것이 아니다. 이는 의식의 혁명, 문화의 혁명을 낳는다. 이제 생산은 단순히 경제적 문제로만 한정되지 않고 그 자체로 정치, 사회, 문화적 요인과 결합되는 것이다.

사회학자들은 이러한 현상을 현대사회의 '탈근대화'라고 부른다. 탈근대화는 논란이 많은 주제이지만, 이를 21세기 자본주의가 가진 새로움을 포함해야 한다는 문제의식이라 한다면 경제학 역시 이 문제를 무시하기 어려울 것이다.

여기서 탈근대의 경제학이 등장한다. 탈근대의 경제학은 경제학이 탈근대주의의 영향 하에 진입하고 있음을 알려준다. 근대의 경제학이 근대인, 곧 개인의 이익을 극대화하는 데 여념이 없는 합리적이고 냉철한 인간을 주체로 한 것이라면, 탈근대의 경제학은 탈근대인, 즉 물질은 풍요할지 모르나 분포는 불균등하며, 세상의 변화를 이해할 수 없어 불안해하고 유동적이며 찰나적인 삶을 살아야 하는 숙명을 가진 인간을 주체로 한 경제학이라 할 수 있다. 탈근대의 경제학은 신자유주의가 낳은 근대적 문제뿐 아니라 새롭게 제기되는 문제들도 포괄하여 다루어야 할 과제를 안고 있다.

영화 속의 경제
배틀 로얄

〈배틀 로얄(バトル ロワイアル, Battle Royale)〉은 다카미 고슌(高見広春)
의 소설이 원작으로, 만화로도 출간된 작품이다. 2000년 후카사쿠 긴
지(深作欣二) 감독에 의해 영화화된 이 작품은 18세 관람가로, 인간이
잔혹하게 서로 죽이는 호러물이다.

언어적, 신체적 폭력이 만연한 청소년들을 바로잡기 위해 일명 'BR법'
이라는 특별 법안이 통과되고, 폭력적인 사건이 일어났던 학교 중 무작
위로 선출된 학교의 학생들이 무인도로 끌려간다. 끌려간 학생들은 서
바이벌 게임을 통해 자신이 살기 위해서는 상대방을 죽여야 하는 상황
을 강요받는다. 단 한 명만 살아남을 수 있는 생존투쟁이 시작된 것이다.

모두 함께 살 수도 있는데, 아이들은 결국엔 서로 믿지 못해서 죽어
간다. 이타적이던 아이가 이기적이 되고, 똑똑한 아이도 자신이 살고 다
른 사람을 죽일 방법만 생각한다. 이러한 풍경은 오늘날의 현실사회와
오버랩된다. 칼을 들고 서로를 죽이지는 않지만 오늘날 현실사회에서
도 오직 1등만이 인정받고, 그 인정을 받기 위해 정신적으로 상대방을

스프링벅

죽이면서, 인간관계를 승자와 패자만 있는 피상적인 관계로 인식한다.

학교의 폭력적인 상황을 해결하기 위해 정부가 개입하여 BR법을 통과시키는 영화 초반부의 장면은, 사실상 인간이 인간을 죽이는 살인을 국가적으로 정당화시킨 것이나 다름없다. 결국 살아남기 위한 더욱 극심한 경쟁과 폭력 사태가 벌어진다. 잔혹한 살인과 끔찍한 영상이 많아 차마 눈 뜨고는 볼 수 없는 이 영화가 현대의 무한경쟁사회를 신랄하게 풍자하고 있다는 사실을 영화를 보면서 눈치챌 수 있을 것이다. 영화가 호러가 아니라 오늘날의 현실 자체가 호러인 것이다.

아프리카 초원에는 '스프링벅'이라는 산양이 무리 지어 산다. 이 양들은 풀을 먹을 때도 무리 지어 다닌다. 이 때문에 앞쪽의 양에게 먹이를 모두 빼앗길까 봐 뒤쪽의 양이 전속력을 다해 질주하다가 절벽에 떨어져 떼로 죽는 일이 비일비재하다. 이 사례로부터 우리는 자신이 죽지 않기 위해 다른 사람을 죽이려다가 결국엔 모두 자멸하는 '배틀로얄' 속의 학생들을 떠올린다.

이들은 신자유주의의 무한 경쟁시대에 살고 있는 우리에게, 극단적인 경쟁주의로 전 세계가 함께 공멸할 수도 있다는 디스토피아적 결말을 미리 보여주는 것인지도 모른다. 당장 그런 결말이 나지는 않는다 하더라도, 최근의 현실은 우리가 충분히 경계할 필요가 있다는 점을 분명히 보여준다.

시작이 반이라는 말도 있듯이 아직 늦지 않았다. 지금은 신자유주의의 병폐와 부작용을 철저히 진단하고 좋은 점은 발전시키되 나쁜 점은 차단하여 공멸이 아닌 공생으로 나아갈 수 있도록 새로운 성찰이 필요한 때이다.

# 새로운 출발을 위하여

　이제 위대한 경제학자들을 통해 들어보는 경제학 이야기를 마쳐야 할 때가 되었다. 이 책에서 내가 하고 싶었던 이야기는 경제학이 자본주의의 등장과 진화에 따라 계속 변화해왔다는 것과, 경제학은 하나가 아니라 복수라는 것이다. 그리하여 서로 경쟁하는 이론들을 통해서 경제학자들이 현대 자본주의 사회를 어떤 눈으로 보고자 했는가를 소개하고자 했다.

　이러한 소개는 〈들어가는 말〉에서 밝힌 대로 나의 역사관을 반영하지 않을 수 없다. 취사선택이 일어난 것이다. 하지만 책을 읽고 난 후의 판단은 전적으로 독자의 몫이다. 다만 하나의 일관된 메시지가 전달되었다면 나로서는 소기의 성과를 이룬 것이다.

　하지만 이러한 관점이 얼마나 설득력 있을까? 반증 불가능한 명제로 구성된 학문은 과학이 아니라는 포퍼Karl Popper 식으로 말하자면, 그러한 역사관이야말로 검증 불가능한 '이야기'에 불과

하다. 그렇지만 오늘날과 같은 불확실성의 시대에는 이야기의 직관이 과학자의 논리보다 더 예리한 경우가 있다.

물론 그 직관이 올바르기 위해서는 무수한 관찰, 무수한 독서, 그리고 잠 못 드는 고뇌의 시간이 필요할 게다. 이 책을 마치면서, 비슷한 생각을 보여주는 흥미로운 책을 하나 소개하고자 한다. 미국의 대표적인 미래학자이자, 뉴욕주립대 교수인 워런 와거 Walter Warren Warger가 쓴 《미래의 짧은 역사*A Short History of the Future*》라는 SF소설이다. 이 책은 1995년부터 2200년까지 약 2백년의 지구 역사를 다룬 미래학 책이다. 하지만 과거를 다루는 필자보다 더 거침없고 대담하다!

통상의 미래학 책은 기술의 발전을 중심으로 미래를 유토피아나 디스토피아로 묘사하는 것이 일반적이지만, 이 책은 사회학자 왈러스타인의 세계체제론의 영향 하에서 낙관과 비관에 치우치

국내에는 《인류의 미래사》, 이순호 옮김(교양인, 2006)으로 출간되어 있다.

지 않고 인류의 미래를 냉정하게 예측한다.

워런 와거는 우리 사회가, 자본주의에서 출발하여 자본주의가 극단으로 발전한 결과 자기 붕괴하는 과정을 서술하면서, 시기별로 극단의 시대(~2044), 평등의 시대(2049~2147), 자유의 시대(2159~)로 나눈다. 어떻게 보면 성경의《계시록》이나《신곡》과 같은 종말론적 편성인 듯이 보이지만, 내용을 읽어 보면 인류의 진화과정에 대한 개연성 있는 냉정한 묘사가 인상적이다.

극단의 시대는 탐욕이 극에 달한 자본주의가 자기 진화함으로써, 중산층이 완전히 무너지고 양극화가 심화되며 열두 개의 초거대기업들이 컨소시엄을 구성해 국가를 뛰어넘는 은밀한 세계정부를 구성하여 영향력을 휘두르는 사회로 변질된다. 급기야 2038년부터 2043년 사이에는 전 지구적 대공황이 발생하고, 대부분의 국가의 실업률은 50퍼센트에 달한다.

이 체제가 평등의 시대로 넘어가는 과정에 대한 묘사가 재미있다. 이는 혁명에 의해서가 아니라, 3차 세계 핵전쟁에 의해서 72억의 인구가 말살됨으로써 가능해진다. 극단의 시대 말기에 등장한 세계당이 정권을 인수하여 2차 사회주의 사회를 열어나간다. 이 사회주의 사회는 과학과 기술의 혁신에 힘입어 빈곤과 소득불평등을 퇴치하고, 환경문제를 완전히 해소하여 인종주의, 자본주의, 성차별주의를 근절하지만 개인의 다양성과 자유를 침해하는 약점을 가지고 있어 결과적으로 세계사회주의 정부를 반대하는 무정부주의적 작은당에 의해 전복된다. 이 사회는 무정부주의 공동체에 기반을 두고 있지만, 그 공동체는 인구 1천만 명이 넘는 대규모 공동체부터 2~3천 명 수준의 소규모 공동체까지 다양한 정치체제로 구성된 지구공동체다.

어쩌면 이 책은 자본주의, 사회주의, 아나키즘이라는 '서양 근대의 기획'을 이용한 사고실험에 불과하다고 폄하될 수도 있다. 또한 너무나 긴 기간을 다루고 있어 정말 맞는지 아닌지에 대해 평가할 수조차도 없다.

하지만 자본주의를 근본적으로 변화시킨 1929년의 대공황에 버금간다는 현재의 금융위기 상황에서 우리 인류가 어떻게 나아갈지를 고민하는 사람이라면 충분히 공감할 만한 주제를 다루고 있다. 또한 미국 헤게모니의 쇠퇴를 이야기하는 세계체제론에 기반을 두고 있기 때문에, 단순히 상상이라고 치부하기에는 너무나 사실적이고 중대한 문제를 다루고 있기도 하다. 미래는 본질적으로 불확실하여서 과학적으로 예측 가능한 영역이 아니므로, 이 책은 미래학이라는 틀을 빌려서 우리에게 경고하는 것일지도 모른다. 예컨대 성경의 《계시록》이 인류에게 좀 더 자제하면서 살 것을 경고하고 있듯이 말이다. 2백 년이 지난 이후에 《미래의 짧은 역사》가 사실이 아니게 된다면, 그것은 아마도 2백 년 전에 그 경고를 받아들여 반성한 결과일 수 있을 것이다. 마치 마르크스의 《자본론》의 예언이 사실이 아니게 된다면, 그 자체가 《자본론》의 역사적 영향이라고 이해할 수 있듯이.

여러분이 지금 읽고 있는 이 책 또한 《미래의 짧은 역사》, 성경, 그리고 《자본론》과 같이 종말론적인 구성을 가진다. 자본주의의 탄생, 발전 그리고 종말의 관점에서 현대 자본주의를 이해하고, 이러한 변화가 제기하는 질문들에 경제학이 어떻게 대답하려고 했는가를 살펴보았기 때문이다.

종말에 관한 암시, 즉 그러한 비관주의가 제대로 이해될 때 실제의 종말을 피할 수도 있다. 만약 그러한 반성이 이루어지지 못하면 종말이 현실화될지도 모른다. 그러나 이도 완전한 불행은 아니다. 그것은 현대인에게는 종말이겠으나, 인류의 전 역사에서는 새로운 출발일 수도 있다.

# 더 읽어볼 만한 책

로버트 하일브로너, 《세속의 철학자들》, 장상환 옮김(이마고, 2008)

경제학사에 관한 고전으로, 다양한 에피소드를 포함하여 기존의 주요 경제학자뿐 아니라 잊혀진 경제학자들의 일상생활까지 꼼꼼하게 복원하여 재미있게 서술한 경제학사 책이다.

리오 휴버먼, 《자본주의 역사 바로 알기》, 장상환 옮김(책벌레, 2000)

이 책은 중세의 봉건사회부터 시작하여 자본주의의 형성기를 쉬운 문체로 설명해주고 있다. 원제는 《인류의 세속적 재화, 즉 국가의 부에 관한 이야기*Man's Worldly Goods—The Story of the Wealth of Nations*》로, 다분히 애덤 스미스의 《국부론》을 의식한 제목으로 보인다.

존 케네스 갤브레이스, 《경제사여행》, 조규하 옮김(고려원, 1994)

이 책은 미국의 진보적 경제학자인 갤브레이스 교수가 자신의 경험담을 반영하여 현대 자본주의의 출현, 즉 20세기 초의 역사적 격변기 속에서 케인스 경제학의 등장과 케인스주의 정책의 실현과정을 담담하게 묘사하고 있다.

존 케네스 갤브레이스, 《갤브레이스가 들려 주는 경제학의 역사》, 장상환 옮김(책벌레, 2002)

경제학사에 관한 표준적인 서술로서, 자본주의 경제의 변화과정에 맞춘 경제학의 발전과정을 알기 쉽게 잘 묘사하고 있다.

칼 폴라니, 《거대한 전환》, 홍기빈 옮김(길, 2009)

칼 폴라니는 1944년에 쓰인 이 책에서, 자본주의에서 시장이 어떤 과정을 거쳐 자신의 탄생지인 사회로부터 독립하게 되는지를 설명한다. 이어서 독립의 결과 파탄에 이르는 과정을 보여주며, 오늘날의 현대사회는 다시 사회에 뿌리박은 시장이라는 모습으로 전환되었다고 설명한다. 시장경제는 그 자신의 발전 과정에서 자신의 비판자인 사회의 자기방어를 초래한다.

필립 암스트롱, 《1945년 이후의 자본주의》, 김수행 옮김(두산동아, 1996)

영국의 경제학자 필립 암스트롱은 2차 대전 이후의 현대 혼합경제의 성과와 한계를 선진국을 중심으로 서술하고 있다. 이 책에서 그는 20세기 초반의 케인스주의 출현과 혼합경제에서의 국가의 경제 개입이 제도화되는 각 나라의 과정을 살펴보고, 1970년대의 스태그플레이션을 거치면서 케인스적 합의가 붕괴하여 신자유주의가 등장하는 과정을 보여준다.